AF602642

CONFÉRENCES,

Tenues par le S.r **Cointeraux**, *professeur d'Architecture rurale, à la suite d'une récente découverte qu'il vient de faire d'une manière de bâtir si expéditive, si simple que l'homme le plus borné, un sauvage même, au premier coup-d'œil, la saisit, en conçoit le procédé, et en fait son profit.*

Cette imitation trop facile ne permet certainement plus ni au ministère, ni à l'inventeur de faire aucun usage de la loi des Brevets d'invention; d'autre part le zèle connu du S.r Cointeraux pour ce qui intéresse l'humanité, l'a principalement porté à faire le sacrifice de son privilège par une rétrocession de ce Brevet au Gouvernement. En effet, irait-il empêcher à un père de famille, à un pauvre cultivateur de bâtir? à un malheureux incendié de reconstruire différemment? le pourrait-il au surplus dans la France entière? au contraire! c'est pour les en aider qu'il fait ces Conférences, et qu'il établit *une association paternelle*.

Chaque membre, il faut l'espérer, s'attachera à répandre avec lui ce procédé avantageux dans tous les départemens français; procédés qui, indépendamment des incendies, des ouragans, des neiges écrasant les toîts, exclut encore des murs et cloisons tout bois quelconque. Mais le S.r Cointeraux, en ces assemblées, parlera sur les différentes parties qui constituent les bâtimens de la campagne, fabriques, manufactures et autres; et essentiellement sur ces vastes cheminées qui consument mal-à-propos tant de charbons, tourbes et autres combustibles.

Ces Conférences auront lieu en son nouvel atelier, chaque dimanche, même en hiver, de onze heures à deux de l'après-midi. On y reçoit également tous les jours ouvrables, afin que chacun puisse examiner les modèles, voir travailler ses ouvriers, le mêlange des terres, leurs qualités, etc.

Toute personne peut se faire inscrire membre de l'*association paternelle.* Il n'en coûte que 2 francs.

L'atelier du S.r Cointeraux *est situé rue de la Tour, n.° 15; on a l'avantage d'y arriver à pied sec, en passant par la rue des Fossés-du-Temple, derrière les théâtres de ce boulevart.*

ASSOCIATION PATERNELLE.

Pour propager dans la France la nouvelle méthode de bâtir à l'abri des incendies, des ouragans, des neiges amoncelées, et l'économie des bois.

LISTE des Associés qui ont aidé le S.r Cointeraux depuis le Brevet d'invention par lui obtenu, le 18 Juin 1807.

MESSIEURS:

De Champagny, Ministre de l'Intérieur.
Monge, Sénateur.
Prony, Directeur-général des Ponts et Chaussées.
Posuel-Deverneaux, S.tre du Ministre de l'Intérieur.
Dégérando, Secrétaire-général du Ministère.
Barbier-Neuville, Chef de la 3.me Division.
Amaury-Duval, Chef à ladite.
Duquesnoy, Maire de Paris.
Terrasson, Législateur, Officier du Génie.
Repond, Propriétaire en Suisse.
Lecuy, Chapelain du Roi de Naples.
Nouhaud, Imprimeur, à Paris.
Lemercier, Chimiste, *idem.*
Lamy, Propriétaire, à Chauny, dép.t de l'Aisne.
Gabriel, Architecte-expert, à Paris.
Guebert, avoué, *idem.*
M.me Delarochefoucaut, à Crevecœur, dép.t de l'Oise.
De St.-Marcel, Colonel d'Infanterie

Associés depuis le 1.er juillet 1807, époque du sacrifice qu'a fait de son Brevet, ledit S.r Cointeraux, en faveur des habitans de la France.

L'EMPEREUR ET ROI.
François (Deneufchateau) Sénateur.
Belderbuch, Préfet du dép.t de l'Oise.

CONFÉRENCES,

Tenues par le S.r Cointeraux, *professeur d'Architecture rurale, à la suite d'une récente découverte qu'il vient de faire d'une manière de bâtir si expéditive, si simple que l'homme le plus borné, un sauvage même, au premier coup-d'œil, la saisit, en conçoit le procédé, et en fait son profit.*

Cette imitation trop facile ne permet certainement plus ni au ministère, ni à l'inventeur de faire aucun usage de la loi des Brevets d'invention ; d'autre part le zèle connu du S.r Cointeraux pour ce qui intéresse l'humanité, l'a principalement porté à faire le sacrifice de son privilège par une rétrocession de ce Brevet au Gouvernement. En effet, irait-il empêcher à un père de famille, à un pauvre cultivateur de bâtir ? à un malheureux incendié de reconstruire différemment ? le pourrait-il au surplus dans la France entière ? au contraire ! c'est pour les en aider qu'il fait ces Conférences, et qu'il établit *une association paternelle.*

Chaque membre, il faut l'espérer, s'attachera à répandre avec lui ce procédé avantageux dans tous les départemens français ; procédés qui, indépendamment des incendies, des ouragans, des neiges écrasant les toîts, exclut encore des murs et cloisons tout bois quelconque. Mais le S.r Cointeraux, en ces assemblées, parlera sur les différentes parties qui constituent les bâtimens de la campagne, fabriques, manufactures et autres ; et essentiellement sur ces vastes cheminées qui consument mal-à-propos tant de charbons, tourbes et autres combustibles.

Ces Conférences auront lieu en son nouvel atelier, chaque dimanche, même en hiver, de onze heures à deux de l'après-midi. On y reçoit également tous les jours ouvrables, afin que chacun puisse examiner les modèles, voir travailler ses ouvriers, le mélange des terres, leurs qualités, etc.

Toute personne peut se faire inscrire membre de l'*association paternelle*. Il n'en coûte que 2 francs.

L'atelier du S.r Cointeraux *est situé rue de la Tour*, n.° 15 ; *on a l'avantage d'y arriver à pied sec, en passant par la rue des Fossés-du-Temple, derrière les théâtres de ce boulevard.*

ASSOCIATION PATERNELLE,

Pour propager dans la France la nouvelle méthode de bâtir à l'abri des incendies, des ouragans, des neiges amoncelées, et l'économie des bois.

LISTE des Associés qui ont aidé le S.r Cointeraux depuis le Brevet d'invention par lui obtenu, le 18 Juin 1807.

MESSIEURS:

De Champagny, Ministre de l'Intérieur.
Monge, Sénateur.
Prony, Directeur-général des Ponts et Chaussées.
Posuel-Deverneaux, S.tre du Ministre de l'Intérieur.
Dégérando, Secrétaire-général du Ministère.
Barbier-Neuville, Chef de la 3.me Division.
Amaury-Duval, Chef à ladite.
Duquesnoy, Maire de Paris.
Terrasson, Législateur, Officier du Génie.
Repond, Propriétaire en Suisse.
Lecuy, Chapelain du Roi de Naples.
Nouhaud, Imprimeur, à Paris.
Lemercier, chimiste, *idem.*
Lamy, Propriétaire à Chauny, dép.t de l'Aisne.
Gabriel, Architecte-expert, à Paris.
Guebert, avoué, *idem.*
M.me Delarochefoucault, à Crevecœur, dép.t de l'Oise.
De St.-Marcel, Colonel d'Infanterie.

Associés depuis le 1.er juillet 1807, époque du sacrifice qu'a fait de son Brevet, ledit S.r Cointeraux, en faveur des habitans de la France.

L'EMPEREUR ET ROI.

François (Deneufchateau) Sénateur.
Belderbuch, Préfet du dép.t de l'Oise,

ASSOCIATION PATERNELLE,

Pour propager dans la France la nouvelle méthode de bâtir à l'abri des incendies, des ouragans, des neiges amoncelées, et l'économie des bois.

Liste des Associés qui ont aidé le S.r Cointeraux depuis le Brevet d'invention par lui obtenu, le 18 Juin 1807.

MESSIEURS:

De Champagny, Ministre de l'Intérieur.
Monge, Sénateur.
Prony, Directeur-général des Ponts et Chaussées.
Posuel-Deverneaux, S.tre du Ministre de l'Intérieur.
Dégérando, Secrétaire-général du Ministère.
Barbier-Neuville, Chef de la 3.me Division.
Amaury-Duval, Chef à ladite.
Duquesnoy, Maire de Paris.
Terrasson, Législateur, Officier du Génie.
Repond, Propriétaire en Suisse.
Lecuy, Chapelain du Roi de Naples.
Nouhaud, Imprimeur, à Paris.
Lemercier, Chimiste, *idem.*
Lamy, Propriétaire, à Chauny, dép.t de l'Aisne.
Gabriel, Architecte-expert, à Paris.
Guebert, avoué, *idem.*
M.me Delarochefoucaut, à Crevecœur, dép. de l'Oise.
De St.-Marcel, Colonel d'Infanterie.

Associés depuis le 1.er juillet 1807, époque du sacrifice qu'a fait de son Brevet, ledit S.r Cointeraux, en faveur des habitans de la France.

L'EMPEREUR ET ROI.

François (Deneufchateau) Sénateur.
Belderbuch, Préfet du dép.t de l'Oise.

1807

CONFÉRENCES,

Tenues par le Sr Cointeraux, *professeur d'Architecture rurale, à la suite d'une récente découverte qu'il vient de faire d'une manière de bâtir si expéditive, si simple que l'homme le plus borné, un sauvage même, au premier coup d'œil, la saisit, en conçoit le procédé, et en fait son profit.*

CETTE imitation trop facile ne permet certainement plus ni au ministère, ni à l'inventeur de faire aucun usage de la loi des Brevets d'invention; d'autre part le zèle connu du Sr Cointeraux pour ce qui intéresse l'humanité, l'a principalement porté à faire le sacrifice de son privilège par une rétrocession de ce Brevet au Gouvernement. En effet, irait-il empêcher à un père de famille, à un pauvre cultivateur de bâtir? à un malheureux incendié de reconstruire différemment? le pourrait-il au surplus dans la France entière? au contraire! c'est pour les en aider qu'il fait ces Conférences, et qu'il établit *une association paternelle.*

Chaque membre, il faut l'espérer, s'attachera à répandre avec lui ce procédé avantageux dans tous les départemens français; procédés qui, indépendamment des incendies, des ouragans, des neiges écrasant les toîts, exclut encore des murs et cloisons tout bois quelconque. Mais le Sr Cointeraux, en ces assemblées, parlera sur les différentes parties qui constituent les bâtimens de la campagne, fabriques, manufactures et autres; et essentiellement sur ces vastes cheminées (qui consument mal-à-propos tant de charbons, tourbes et autres combustibles.

Ces Conférences auront lieu en son nouvel atelier chaque dimanche, même en hiver, de onze heure à deux de l'après-midi. On y reçoit également tous les jours ouvrables afin que chacun puisse examiner les modèles, voir travailler ses ouvriers, le mélange des terres, leurs qualités, etc.

Toute personne peut se faire inscrire membre de l'*association paternelle.* Il n'en coûte que 2 francs.

L'atelier du Sr Cointeraux *est situé rue de la Tour*, n.° 15; *on a l'avantage d'y arriver à pied sec, en passant par la rue des Fossés-du-Temple, derrière les Théâtres de ce boulevart.*

ASSOCIATION PATERNELLE,

Pour propager dans la France la nouvelle méthode de bâtir à l'abri des incendies, des ouragans, des neiges amoncelées, et l'économie des bois.

Liste des Associés qui ont aidé le S.r Cointeraux depuis le Brevet d'invention par lui obtenu, le 18 Juin 1807.

MESSIEURS:

De Champagny, Ministre de l'Intérieur.

Monge, Sénateur.

Prony, Directeur-général des Ponts et Chaussées.

Posuel-Deverneaux, S.tre du Ministre de l'Intérieur.

Dégérando, Secrétaire-général du Ministère.

Barbier-Neuville, Chef de la 3.me Division.

Amaury-Duval, Chef à ladite.

Duquesnoy, Maire de Paris.

Terrasson, Législateur, Officier du Génie.

Repond, Propriétaire en Suisse.

Lecuy, Chapelain du Roi de Naples.

Nouhaud, Imprimeur, à Paris.

Lemercier, chimiste, *idem.*

Lamy, Propriétaire à Chauny, dép.t de l'Aisne.

Gabriel, Architecte-expert, à Paris.

Guebert, avoué, *idem.*

M.me Delarochefoucault, à Crevecœur, dép.t de l'Oise.

De St.-Marcel, Colonel d'Infanterie.

Associés depuis le 1.er juillet 1807, époque du sacrifice qu'a fait de son Brevet, ledit S.r Cointeraux, en faveur des habitans de la France.

L'EMPEREUR ET ROI.

François (Deneufchateau) Sénateur.

Belderbuch, Préfet du dép.t de l'Oise.

CONFÉRENCES,

Tenues par le S.r Cointeraux, *professeur d'Architecture rurale, à la suite d'une récente découverte qu'il vient de faire d'une manière de bâtir si expéditive, si simple que l'homme le plus borné, un sauvage même, au premier coup-d'œil, la saisit, en conçoit le procédé, et en fait son profit.*

CETTE imitation trop facile ne permet certainement plus ni au ministère, ni à l'inventeur de faire aucun usage de la loi des Brevets d'invention ; d'autre part le zèle connu du S.r Cointeraux pour ce qui intéresse l'humanité, l'a principalement porté à faire le sacrifice de son privilège par une rétrocession de ce Brevet au Gouvernement. En effet, irait-il empêcher à un père de famille, à un pauvre cultivateur de bâtir? à un malheureux incendié de reconstruire différemment? le pourrait-il au surplus dans la France entière? au contraire! c'est pour les en aider qu'il fait ces Conférences, et qu'il établit *une association paternelle.*

Chaque membre, il faut l'espérer, s'attachera à répandre avec lui ce procédé avantageux dans tous les départemens français; procédés qui, indépendamment des incendies, des ouragans, des neiges écrasant les toîts, exclut encore des murs et cloisons tout bois quelconque. Mais le S.r Cointeraux, en ces assemblées, parlera sur les différentes parties qui constituent les bâtimens de la campagne, fabriques, manufactures et autres; et essentiellement sur ces vastes cheminées qui consument mal-à-propos tant de charbons, tourbes et autres combustibles.

Ces Conférences auront lieu en son nouvel atelier, chaque dimanche, même en hiver, de onze heures à deux de l'après-midi. On y reçoit également tous les jours ouvrables, afin que chacun puisse examiner les modèles, voir travailler ses ouvriers, le mélange des terres, leurs qualités, etc.

Toute personne peut se faire inscrire membre de l'*association paternelle.* Il n'en coûte que 2 francs.

L'atelier du S.r Cointeraux *est situé rue de la Tour*, n.o 15; *on a l'avantage d'y arriver à pied sec, en passant par la rue des Fossés-du-Temple, derrière les théâtres de ce boulevart.*

PREMIERE CONFERENCE,

Du Dimanche, 5 juillet 1807.

Les Associés présents en l'atelier rue de la Tour, N.° 15.

Vous voyez le premier produit du perfectionnement que j'avais conçu, pour pouvoir, sans ouvriers-maçons, faire du pisé, et pour lequel j'avais pris un Brevet d'invention, sentant le besoin d'une sorte de ressource que nécessitent malgré moi les dépenses nouvelles que j'avais à faire.

Toutes ces pièces de pisé que nous nommerons dorénavant, *masses*, *quartiers*, *moilons*, ou *cubes longs* : ce dernier plus facile à exprimer que par le terme scientifique *parallelipipède*, ont été fabriquées au moyen d'une machine que, lors du Brevet, j'avais désigné sous le nom de *Crécize*. Ces pièces sont bonnes sans doute; mais leur manutention entraînait mes manœuvres en des longueurs, même à des dangers, le lévier trop lourd se gouvernant difficilement.

Vous dirai-je, *Messieurs*, que depuis l'obtention de mon brevet, j'avais déjà fait un changement à cette invention: j'y avais été nécessairement conduit par le froissement des masses de pisé, par leur cassure même, qui se manifestait toutes les fois qu'elles sortaient des trous ou cases de la matrice. C'est au moyen d'un revêtissement en ais ou petites planches que je suis parvenu à sauver ce grand inconvénient; et je puis dire que, pour cet objet, j'ai atteint le maximum; car ces ais avec le pisé fabriqué, coulant à-la-fois au-dessous de la matrice, conservent dans toute leur intégrité les angles. Plus de regret maintenant de voir ces angles gâtés, écornés, quoique ce ne soit point là un vice de construction, ce que nous examinerons plus particulièrement par la suite.

Il me restait la gêne que nous causait le levier: un jour je hasardai de le supprimer: arrivé à l'ouvrage avant mes gens, je leur fis, dès qu'ils parurent, prendre de gros marteaux; et, à l'imitation des forgerons qui frappent le fer sur l'enclume, ils firent, après quelques coups donnés sur la terre, du bon pisé. Jamais je ne fus plus ravi de joie; mille et mille avantages passèrent aussitôt dans mon esprit: je vis tous les peuples sans aucune exception dans l'aisance et la sécurité. Quoi! faire du pisé aussi habilement, était pour moi, quoique fort expérimenté, une chose inouie. Vous en êtes également surpris en prévoyant par ce simple procédé une fortune publique. La voici:

Tout laboureur, tout artisan, tout bourgeois aura-t-il de la peine à faire creuser, ou creuser lui-même des trous ou cases dans un tronc d'arbre provisoirement équarri: c'est là la matrice. Il la fera ensuite reposer par ses extrémités sur deux tas de pierre ou de bois, enfin sur des billots quelconques. Ces billots doivent suspendre la matrice à hauteur d'appui, ou un peu moins, pour pouvoir, avec des marteaux de fer, ou de bons maillets de bois, frapper à l'aise. Cet arrangement bientôt fait, les cultivateurs fermeront le dessous des cases avec un assez fort madrier ou planche très-épaisse, qu'ils étayeront: ils placeront ensuite les ais dont j'ai parlé, dans chaque trou. Voilà tout l'équipage: équipage qui éloigne à jamais toutes les machines compliquées, même les simples.

Voyons la manœuvre.

Le premier journalier, celui-là même qui n'aurait la moindre idée de l'art de bâtir, prend une pelée de terre qu'il met dans un des trous. Avec la main, il l'a bientôt égalisée pour la couvrir d'un assez gros morceau de bois dur, que j'appelle *le plot*. Puis aussitôt, il frappe sur ce plot qui s'enfonce à chaque coup qu'il donne, au point qu'après l'avoir retiré, tout le monde est surpris en appuyant les doigts dessus le pisé de le trouver aussi compact. Mais sa surface lisse et belle ne saurait subsister; il faut la détruire: à cet effet, le journalier avec une pointe de fer la pique, et ces petits trous servent à lier la couche de terre que l'on se propose d'y appliquer.

Il remet donc dans le même trou une seconde pelée de terre, puis le plot et frappe de nouveau: et cette même opération se fait pour la troisième et dernière fois. L'on sent que pour chaque case on en use ainsi. Lorsque toutes sont pleines de pisé, l'homme soulève avec une pince de fer, ou seulement un petit bâton, la matrice, laquelle se trouvant à l'instant détayée, permet de retirer le madrier qui la bouchait en-dessous. Les trous, alors libres, le journalier repousse doucement par-dessus le pisé, au moyen d'un petit tampon, et les ais avec lui coulent et tombent de grâce sur le sol ou sur une pierre un peu élevée qu'on y aura placée. Dès-lors l'on saisit facilement avec les mains les quartiers de pisé, et on les range de côté.

Sans doute, il faut plus de tems à raconter cette manœuvre, ou à l'écrire, qu'on n'en met à faire trois ou quatre pièces de pisé.

Ce procédé pour l'humanité est donc de la plus grande

conséquence, il regarde le Gouvernement pour acheminer tout le peuple à bâtir à l'abri des incendies, des ouragans, des neiges entassées sur les toîts, et à ménager le bois et tout combustibles. Et il le regarde tellement que ce serait là une grande décharge pour lui de récompenser les services militaires. Qu'un conscrit revienne! il trouvera cette invention toute bénigne qu'elle est, fort agréable. Si c'est un Cadet de famille? celui-ci peut laisser tranquille l'héritier, son frère aîné, pour faire valoir le domaine paternel, en faisant usage de ce procédé, pour aller ailleurs se former un établissement. Cette vérité est si constante, que l'on a vu une infinité de légataires particuliers désespérer de pouvoir jamais devenir pères de famille, par l'idée seule qu'il en coûte trop cher de bâtir; et l'on sait qu'à la paix prochaine, des mariages presqu'innombrables pourraient avoir lieu. Quelle satisfaction les personnes en place n'auront-elles pas maintenant de les voir effectuer, lorsqu'une voie aussi facile se présente : et pourraient-elles ne pas la favoriser, quand l'inventeur, lui-même, l'ouvre, non-seulement en rétrocédant au ministère son Brevet d'invention, mais plus encore, en prodiguant partout, avec ses dignes associés, l'instruction.

A la prochaine conférence, je traiterai du nouvel appareil qui dérive de ce genre nouveau de bâtir : il s'étendra sur la forme à donner strictement à chaque pièce de pisé, considérées sur le rapport de leur pesanteur, et de leur retrait presqu'insensible.

La séance levée : l'un des associés a fait l'objection que les soldats de retour dans leurs foyers, ne s'habitueront pas plus que leurs parens à comprendre et à faire le pisé. Sur quoi, le S. Cointeraux a observé, que cette objection pourrait être fondée, s'il s'agissait ici du genre qu'employaient les Anciens et qui présentait aux bâtisseurs les plus courageux, des difficultés et des embarras nombreux qu'ils avaient à vaincre, indépendamment des faux-frais qu'il leur fallait encore supporter, tels que ceux de faire venir, et souvent de fort loin, à leurs dépends, des ouvriers-maçons au fait du pisé ; et par-dessus, contenter l'ambition de ces ouvriers, en leur donnant de fortes journées, ou bien un prix excessif par toise qui ôtait à chaque propriétaire l'économie qu'il desirait apporter à la construction d'une maisonnette, d'une grange, ou clôture. Il a d'ailleurs observé que ce vieux pisé des Romains emporte avec lui une telle gêne, que les plus habiles compagnons en sont eux-mêmes mécontens, pour vérifier sans cesse le grand moule en le plombant, sans quoi le mur va de travers ; qu'en outre les pans de pisé ne se joignent jamais assez bien l'un contre l'autre, malgré la pente qu'on est soigneux à donner à l'une de leurs extrémités, où elle laisse toujours un vide, de manière que ce sont des pans ou parties de mur tous séparés ou isolés dans la longueur et largeur des maisons de cette nature.

Le même associé, reprenant la parole, a dit : Mais vous n'avez point dans vos livres énoncé ce vice de construction. Sans doute a répliqué le S. Cointeraux ; je n'ai pas dû décourager le public, je me suis contenté de recommander la liaison intime des pans de pisé, et de la faire le plus strictement possible, ce qui est même démontré dans toutes mes gravures, qui dessinent la couchée ou pente entre deux pans : je savais bien, malgré ce soin, qu'il y avait toujours séparation entr'eux, et je n'osais le dire, l'avouer, car qui, alors, aurait osé bâtir en pisé ? Cette séparation, par une fente, était plus ou moins grande, par raison du retrait de la terre ; si elle était plus humide qu'à l'ordinaire? le retrait certainement devenait plus considérable. C'était donc là de ces défauts de construction incorrigibles; Eh! n'en existe-t-il dans la maçonnerie? En outre, l'art de faire le pisé sur place, c'est-à-dire sur la fondation même, occasionne des percemens de trous pour les poutres ou solives des planchers qui altèrent la solidité de ces bâtimens: j'ai souvent préféré, ajoute le S. Cointeraux, de faire cesser le pisé, lorsqu'arrivé à la hauteur de chaque étage, il fallait poser la charpente des planchers. Alors, je prenais la maçonnerie, et les pierres garnissant les espaces entre les poutres et les solives, me formaient une dépense de plus, il est vrai; mais au moins l'épaisseur des murs n'était point altérée; ce n'était pas tout de sauver avec cette dépense ultérieure cet inconvénient du pisé, il fallait nécessairement l'augmenter en haussant le mur en pierres au-dessus des planchers, d'environ un pied, afin de faire embrasser le mur par le moule, et pouvoir piser de nouveau. Que l'on juge maintenant de l'embarras que ce changement de travail occasionnait pour le faire à chaque étage, et l'on conviendra que le procédé que je présente, qui exclut toutes les inquiétudes, tous les défauts et tout ce surcroît de dépenses, est d'un avantage inoui pour l'espèce humaine.

Il l'est tellement qu'elle peut en faire usage la nuit comme le jour. Lors de ces veillées où les hommes robustes ne sauraient s'occuper à filer comme le sexe, ils s'occuperont au pisé. Lors des pluies d'été, ils feront encore du pisé: en hiver, ou en un mot, dans tous les tems morts pour l'agriculture, le pisé, sans débourser d'argent, s'exécutera; et l'on sait, si le Gouvernement n'y a pas intérêt, pour le voir ici grandement ménagé par des cultivateurs qui sont toujours peiné de payer les impôts.

Mais les gens de la campagne font toutes sortes de provisions : il leur manquait celle-ci, et elle aura lieu, j'en réponds. Chacun chez soi, formant à tems perdu, ses moilons, se trouvera charmé de les y posséder, pour s'en servir dans l'occasion. Et si des anciens murs existent en pierres ou en bauge, ces moilons y seront d'un grand secours pour en boucher les brêches fréquentes qui s'y forment. Mais outre que ces matériaux sont indispensables pour toute réparation qu'on aura à faire, que de sortes de nouvelles constructions ils sont dans le cas de former. Qu'on s'imagine les bâtimens les plus ordinaires, comme les plus singuliers ; que l'on conçoive toutes sortes d'ustensiles dans les fermes, dans les basses-cour, pour tout agencement de fabriques, manufactures, produits chimiques, et l'on trouvera dans mon procédé de quoi remplir tous les besoins et tous les vœux ! mais je conseille à tous les peuples de faire ce pisé avec prudence ; j'entends que l'on ne doit point payer de journées, à moins que le cas soit pressé. Par exemple, si l'on veut incontinent monter une fabrique ? alors prenez des hommes à la journée pour votre pisé ! Ce n'est point de la manière que je le fabrique en mon atelier que vous ferez construire la matrice, parce que la mienne ne sert de modèle que pour la classe la plus nombreuse des peuples : c'est pour chacun chez soi, dans sa petite habitation que je travaille plus particulièrement ; mais pour les grandes constructions, les propriétaires ou fabricans feront construire une matrice de la plus longue étendue : ils la feront faire même à double rang, semblable à celle que représente la gravure de mon nouveau pisé. Dès-lors, n'auront-ils pas la satisfaction avec le grand avantage de faire sortir chaque fois environ 30 à 40 pièces de pisé ? Ce nombre, répété souvent dans le courant d'une journée, produira bientôt une si grande quantité de matériaux qu'on en sera étonné. Je suivrai ces salutaires avis, qu'on en soit persuadé, espérant établir un genre utile qui se perpétuera d'âge en âge.

Fin de la première Conférence.

SECONDE CONFERENCE,

Du Dimanche, 12 juillet 1807.

L'APPAREIL des pierres que produit la nature dans le sein du globe, ne saurait en quelque manière être assimilé à celui du pisé. Lorsqu'en 1784, j'imaginai ce nouvel appareil, je me trompai comme beaucoup de personnes se trompent encore sur le volume à donner à chaque pièce de pisé. Par exemple, je crus en pouvoir faire de très-volumineuses, et je les fis. Quel fut mon étonnement de ne pouvoir en faire usage à cause de leur pesanteur ! il n'en est pas de même pour l'appareil connu; une énorme pierre peut être soulevée avec des presses de fer; elle peut être sur un charriot chargée; elle peut être voiturée au pied du bâtiment; elle peut enfin être transportée sur le mur qu'on a à faire. Les cubes et cubes longs de pisé n'ont pas cet avantage; on ne saurait les soulever avec des pinces sans les endommager : il faut nécessairement qu'ils soient d'un poids tel qu'un homme puisse les porter, les manier, les retourner avec aisance, sur-tout lorsqu'on les pose. Ainsi ceux qui pensaient qu'il ne s'agissait que de faire de grandes, larges et épaisses masses de pisé, n'avaient point fait attention à ce que je rapporte ici, sur-tout à la préférence à donner à un appareil de cette sorte. Et puisque le poids du pisé oblige à tenir chaque rang d'une faible hauteur, et chaque pièce ou moilon d'une moyenne longueur et largeur, il résulte de cette contrainte même, que les jointures se trouvant plus rapprochées, produisent une grande ressource pour pouvoir fermement faire tenir sur le pisé, les enduits avec la peinture à fresque que l'on applique ordinairement sur ces mêmes enduits.

J'avais tellement senti cet avantage, que je conseillai jadis (voir mon ouvrage intitulé, *l'art de peindre à fresque*) de poser dans le grand moule et tous les 6 pouces, un filet de mortier, ce qui, il faut en convenir, était vraiment une sujétion. Pouvais-je faire autrement, lorsque avec l'ancien pisé l'on voyait dès la seconde année, ou tout au plus tard dans la troisième, l'enduit avec la peinture tomber? On en sentira mieux la cause, lorsque je dirai que de grandes surfaces d'enduit ne pouvant se crisper sur de grandes surfaces de pisé que produit chacune de ses assises, il fallait nécessairement que la pluie et la sécheresse, après les avoir humectées et desséchées successivement, finissent par les séparer : dès-lors un vide, enfin une bosse formant un poids, commençait à faire fendre l'enduit; lequel alors tombant de tems à autre, laissait appercevoir de grands placards de couleur de terre et souvent à côté la plus jolie peinture. Les propriétaires de Lyon désolés d'un si hideux spectacle, eussent été ravis, si en ce tems, je leur eusse fourni le grand moyen qu'ici j'annonce.

Vous concevez, *Messieurs*, que des maisons, quoique bâties uniquement avec la terre et semblables à la façade que j'avais placée à la tête de mon 4.me cahier de la collection du pisé, façade intitulée, *Nouveau Pisé sortant de la main de l'ouvrier*, (voyez en ici la gravure) vous voyez, dis-je, si ces maisons avec ce seul appareil ne sont pas déjà satisfaisantes. Mais si vous jettez les yeux sur cette même façade, désignée par *nouveau pisé décoré*, votre esprit juge aussitôt combien il serait dommage d'avoir pris tant de peines et fait la dépense d'une peinture pour voir ensuite par-ci, par-là la couleur de la terre, tout à côté des plus vives couleurs que produit toujours la peinture à fresque.

Pour vous mieux faire saisir la différence de l'ancien pisé avec le nouveau, je vous soumets encore la planche V.me du 1.er cahier de cette même collection du pisé. La fig. 1.re représente la grande hauteur des pans du mur : elle fait en outre appercevoir ces vilains trous pour les clefs du moule, qu'il faut nécessairement boucher après la bâtisse parachevée : elle montre ces filets de mortier, sur-tout ceux pour les couchées à l'extrémité de chaque pan ; couchées comme je l'ai déjà observé, faites exprès, mais qui vainement ne peuvent lier les pans l'un à l'autre. En un mot, cette façade fait connaître la grande laideur de l'ancien pisé, comparée à la belle uniformité de mon nouveau pisé. Pour vous confirmer mieux dans cette idée, parcourons mon atelier entièrement bâti par cette méthode.

Si donc le paysan veut faire briller sa maisonnette ? il n'a d'autre parti que de lui donner un enduit et une couleur quelconque, tels que le représente la figure 2, planc. V.me. Mais encore une fois cette parure moyenne ne saurait être durable ; elle ne le sera donc qu'en employant un appareil au pisé : c'est ce que je devais vous démontrer.

Il paraîtrait, d'après cela, que plus les moilons de pisé seraient fabriqués en petit volume, plus les enduits se trouveraient excellens : mais il est un terme à tout que le bon sens indique, et que la raison conseille. Ici, c'est le poids : il est le premier guide : par exemple : soixante livres environ, ou trente kilogrammes sont tout ce qu'un ouvrier peut avec facilité supporter. Faites donc vos pièces dont la pesanteur de chacune arrive à quelque chose près à 60 livres et vous obtiendrez aisance dans leur confection, comme dans leur emploi.

L'appareil en pierres naturelles consiste essentiellement, pour la solidité, à arranger les pierres, tantôt en long, se dirigeant d'après l'étendue du mur; tantôt en queue ou boutisse, pour s'incorporer dans son épaisseur. L'art, conséquemment, commande que si le rang inférieur est en long; le supérieur, pour le retenir, se trouve en boutisse: ainsi successivement de rang en rang, jusques à la cime de la maison.

N'est-il pas étrange, sur-tout aux yeux des personnes de bon sens, de voir des ouvriers, quelques architectes mêmes, bâtir différemment. Ils placent les moilons quant ils les font tailler, ce qu'on appelle *limosiner*, tous en longueur ou étendue; de manière que jusques au haut du bâtiment, elles ne forment nulle liaison. Cela est beau à l'œil, il faut en convenir; mais c'est bien là la plus mauvaise pratique que l'on puisse employer. Vous la sentirez parfaitement, *messieurs*, en vous imaginant que des pierres ainsi alongées sur chaque face d'un mur, laissent entre elles une partie de maçonnerie qui n'est complette que par des débris de matériaux avec le mortier: dès-lors qui empêchera que ce mur, agréable à l'œil, je le veux, ne se partage en deux parts! les moilons simples et que l'on employe presque bruts, sans avoir dans leurs rangs, une hauteur réglée, valent mille fois mieux que cette construction de parade dont je viens de vous entretenir. Au moins, ces moilons informes sont placés presque tous en queue: et si l'épaisseur du mur n'est pas considérable, beaucoup de pierres atteignent les deux faces. Détournez donc la vue, toutes les fois que vous regarderez une maison dont la prétendue bonne construction vous présentera des pierres taillées et posées de file à chaque rang. Cette gloriole de certains maçons est bien répréhensible: il valait bien la peine de tant tailler, de tant dépenser, pour faire un ouvrage le plus mauvais possible. Tout ceci va nous conduire au nouvel appareil que j'espère créer et mettre en vogue.

Après avoir expliqué le vice et la bonne règle de la construction, il sera facile de saisir que si l'on fabrique des moilons de pisé, par exemple, d'un pied ou d'un tiers de mètre; il faut leur donner, pour largeur, la moitié de cette longueur, afin que les deux moilons placés en un mur à côté l'un de l'autre, fassent la totalité de cette même longueur, de manière que chaque rang soit alternativement abandonné et retenu; l'inférieur placé en long, sur deux lignes parallèles, se trouvera croisé par le supérieur en large, et chacun, par cette simplicité, remplira les règles les plus strictes de l'art. Voilà la première idée de ce nouvel appareil: elle nous conduira encore à d'autres combinaisons.

Si les moilons doivent être successivement posés en long et en large? La règle prescrit que celui du dessus couvre le joint des deux autres du dessous. En voici un exemple.

A. Moilon posé en long.
B. Moilon s'alongeant dans l'épaisseur du mur.

On apperçoit ici que B repose au milieu de A, que D à côté est supporté par A et C.

Cela et si clair que ce serait faire injure à la sagacité de tout homme de bon sens d'entrer dans plus d'explication. Eh! si par-tout l'on voit porter les murs à 18 pouces d'épaisseur, il faut l'attribuer à la nécessité où l'on est de faire croiser les unes sur les autres les pierres informes ou brutes que l'on tire des carrières! Mais, pour ce nouvel appareil de moilons sortant du moule tout équarris, l'on peut certainement se dispenser de cette forte épaisseur. Il s'agit de considérer l'élévation que l'on veut donner à une maison, ou à une clôture, pour en proportionner la grosseur des murs. Voilà, certes, de nouvelles données qui manquaient, et qui ont échappé aux auteurs, comme ne considérant absolument que les pierres des carrières, que leurs débris, avec la façon que l'ouvrier met avec son gros marteau, pour un peu les équarrir, avant de les placer en un mur.

Cette observation est encore nécessaire pour examiner que la forme des moilons de terre pressée dépend de la hauteur des murs pour se trouver en rapport avec la solidité; ce qui obligera le bâtisseur à étudier les dimensions de ces corps, pour ne faire ni plus ni moins de dépenses. Un bâtiment de trois étages lui fera prendre le parti d'employer l'appareil que je viens de désigner, et qui consiste à placer en long, sur chaque face de son mur, des pièces, comme A et C; et au-dessus, de semblables pièces, mais posées en boutisse, comme B et D.

J'observerai maintenant que, pour cette maison de trois étages, il faudra nécessairement porter l'épaisseur des murs à plus d'un pied, mais moins d'un pied et demi, comme on en a l'usage. Je l'estime de 13 à 14 pouces : conséquemment, faites fabriquer vos moilons de pisé, par exemple, de 14 pouces de long; mais ne donnez pas précisément la moitié de cette longueur à leur épaisseur, par la raison que deux moilons, joints l'un contre l'autre, occuperaient plus de 14 pouces; il ne faut pour cela qu'un grain, un seul gravier pour un peu les écarter : faites-les donc faire de 6 pouces deux tiers d'épaisseur, et non de 7, et vous verrez que le rang supérieur coiffera avec justesse l'inférieur.

A l'égard de la hauteur de ces moilons, on ne saurait trop leur en procurer; mais le poids, ce fâcheux poids vous arrêtera : je ne fournirai point en ce moment la mesure de cette hauteur, me réservant de la fixer irrévocablement, lorsque en mon présent atelier j'aurai fait peser diverses pièces de pisé plus ou moins volumineuses. Car, *messieurs*, vous le savez, *l'expérience est un grand maître*. A l'égard des bâtisses, telles que pour maisonnette, écurie, hangar, remise, ou toutes autres à rez de chaussée, il est suffisant d'en faire les murs avec des moilons raisonnablement gros, pour être employés avec un seul rang, sans perdre de vue la solidité. Pour ce faire, on les fait plus épais, afin de procurer des murs, non point encore comme pour la maçonnerie, pour laquelle on donne aux moindres de 14 à 15 pouces de grosseur, mais seulement ici de 8 à 9 pouces; ce qui, il faut bien le remarquer, s'applique à la construction des clôtures, dont l'élévation est toujours moyenne.

8 à 9 pouces d'épaisseur à ces murs, sont tout ce qu'il faut pour se conformer aux règles de l'art. Faites donc vos pièces de pisé de 14 pouces de long, sur 8 à 9 pouces d'épaisseur; et attendez que pour régler leur hauteur, j'aie fait quelques essais.

Pour les cloisons que ne peut-on pas faire! quel service n'en peut-on pas obtenir! Sans doute, leur mince épaisseur sera toujours du goût de tout le monde, pour occuper le moins de place dans les appartemens. Eh bien! je me fais fort de faire fabriquer du pisé si mince, qu'il le sera même moins que les briques ordinaires.

Au fait : voulez-vous séparer un rez de chaussée par une cloison de pisé, y faire même supporter un plancher, donnez aux briques 6 pouces d'épaisseur, autant de hauteur, et doublez cette mesure pour la longueur, et vous jugerez vous-même d'un tel ouvrage! J'en ai fait exécuter que l'on admirait. Je m'étendrai par la suite sur la méthode des cloisons : suivons et n'oublions pas l'appareil des murs.

Oh! qu'il est étonnant que la dépense qu'on a à faire en bâtissant par cette méthode soit en raison des facultés de chacun. Pour une maisonnette, les murs sont de peu de valeur : pour une plus considérable, les frais seront un peu plus forts : pour ce qu'on appelle un bâtiment, c'est-à-dire, de plusieurs étages, les murs devant être construits épais, coûteront par conséquent davantage. D'où je tire la conséquence que cet appareil, jusqu'ici inconnu, convient parfaitement à l'ordre social. Le pauvre bâtira solidement sa cabane, sans aucun déboursé, puisqu'il fabriquera lui-même ses moilons de pisé : le cultivateur, d'après ses facultés, formera son habitation : et n'y mettant pas cette stricte épargne, il l'érigera assez vaste, assez commode, car avec les cloisons tout ce qu'il desirera, il l'obtiendra : le fermier, toujours en butte avec le propriétaire qui lui refuse jusques à des petites constructions, même à la moindre réparation, en faisant fabriquer dans l'hiver du pisé par ses gens, se procurera ces douces aisances dont il a toujours eté privé : le bourgeois, restreint à son fixe revenu, saura bien s'y prendre, pour jouir de la maison la moins coûteuse, la plus agréable, et dont le coût ne le ruinera plus : le riche propriétaire n'ira certainement pas regarder, si des murs, pour être très-solides, exigeront deux rangs jumeaux de moilons, afin de pouvoir se faire une belle maison de campagne : le seigneur bâtira un aussi beau château que s'il y prodiguait des pierres de taille, ou des briques. Les princes, malgré leur immense fortune, trouveront fort doux d'enclorre presque sans frais leur parc, en insérant dans les baux à ferme dépendans de leur domaine, que les fermiers seront tenus annuellement chacun, de leur délivrer un certain nombre de moilons de pisé : les monarques enfin, pour leurs plaisirs, feront employer ce grand procédé, soit pour le repos de chasse, soit pour les enclos de bêtes fauves ; soit pour les écuries provisoires, soit pour les manèges, soit pour prendre les loups; car mes nouvelles trappes dans les forêts, dont nul auteur n'a eu connaissance, ne sauraient être comparées à ces fameuses battues que l'on vante tant et qui exposent à de si grands dangers.

Et ces monarques n'auront-ils pas encore pour les magasins à poudre, l'avantage de ce simple appareil, puisque je suis parvenu à l'employer pour en ériger des voûtes? Que l'on juge, jusques à quel degrés je puis arriver!

Mais ce n'est pas ici l'occasion de m'étendre; occupons nous (mes associés) des constructions du peuple, des vôtres.

Je traiterai donc dans la troisième conférence des mesures positives d'après mes essais: de la préférence à donner à l'art qu'ici je professe, dans les pays mêmes qui abondent en pierres, d'après un état approximatif des dépenses.

La séance terminée: un associé non présent à la première conférence a prétendu que l'ancienne méthode de faire le pisé lui paraissait plus convenable, par la raison qu'en un grand encaissement l'on fait beaucoup d'ouvrage à la fois d'ailleurs qu'on le fait sur le mur même.

Cette objection sans doute a dit le S. Cointeraux, n'est pas dénuée de fondement. Des piseurs à qui des porteurs fournissent avec des hottes ou paniers de la terre pour la presser sans interruption, doivent certainement expédier; mais souvent ils n'expédient que trop, et les murs mal faits périclitent. Si de trois hommes dans un moule, il en est qui pisent bien? un ou deux n'en usent pas de même! L'on sait qu'il y a des ouvriers forts et d'autres faibles; ces derniers laissent donc des parties de terre qui n'ont point acquis la consistance nécessaire. Les plus robustes mêmes se lassent de soulever et d'appuyer l'outil ; et, à la fin de la journée, ils font, comme leurs camarades, de mauvaise besogne : qu'on y ajoute les journées successives pour un travail aussi pénible, et l'on trouvera des hommes tellement fatigués par le mouvement continuel du corps, que cet ouvrage, fait entre desais, se trouve à-la-fois et bon et mauvais.

Il n'en sera pas de même ici, où la pression instrumentale de la terre procure la grande satisfaction de la voir toujours de la même densité.

Mais je ne cacherai rien maintenant, ajoute cet auteur, l'ancien pisé a l'un de ces inconvéniens auxquels l'industrie humaine n'a jamais pu remédier : c'est la nécessité de monter la terre à la cime de la maison en tems de pluie ; c'est encore le danger de l'employer trop mouillée, tandis qu'elle ne doit être qu'humide : c'est d'ailleurs ces averses d'eau qui survenant tout-à-coup, ne laissent pas le loisir d'une couverture provisoire pour garantir chaque mur.

Combien aussi de chutes de maisons et de murs de clôture en est-il résulté ? moi-même j'en ai éprouvé ! mes parens en ont essuyés ! des entrepreneurs, des habitans, des bourgeois au moment de voir leurs bâtimens ou leurs clôtures prêts à en jouir, ont eu la douleur de les voir écrouler. Il est vrai que lorsque l'on est assez heureux de mettre le toît avant ces malheureuses intempéries, chacun peut se dire à soi-même : *mon batiment est sauvé*, il durera deux cents ans.

Voilà certainement de ces vérités bien décourageantes et qui ont détourné beaucoup de propriétaires de bâtir en pisé : ils ont mieux aimé se priver de logement et en priver leurs bestiaux que de recourir à des constructions en pierres, dont la dépense effraye.

Que mes contemporains veuillent donc bien apprécier

mon invention, puisque chaque quartier de pisé ne saurait subir la dégradation que je viens d'indiquer! toutes les molécules de terre, par la pression instrumentale, ont d'avance été intimement réunies. Elles ont eu le tems de sécher : elles sont devenues denses comme les pierres : chaque corps qui renferme ces innombrables molécules si serrées est conséquemment transportable. Voyons ce qu'il en résulte.

Les pièces de pisé se plaçant les unes à côté des autres et les unes au-dessus des autres, se lient d'abord très-bien par l'appareil que je viens d'indiquer, et encore mieux par une couche de mortier pour leur lit et joints, couche la plus mince possible. S'il survient une pluie abondante ? l'eau ne raye point les faces du mur, comme cela arrive aux hauts pans de l'ancien pisé. Si même une légère pluie se manifesse pendant le tems que l'on bâtit? elle ne cause point d'interruption de travail, comme lors de celui quand l'on construit par l'ancienne méthode!

Mais ce qui est bien consolant, est de pouvoir sans peine comme sans danger, former les pignons des murs. J'ai souvent vu balancer au moindre vent, là haut, à la cîme du toît, (voyez ici dans la planche VI.me de la collection du pisé, ces pignons), mes piseurs avec le mur, quand ils le fabriquaient ; et ma crainte de voir tomber et tuer des hommes était réunie à celle de perdre le bâtiment. En cette perplexité, il me fallait bien redoubler de courage : les charpentiers étaient là qui attendaient la perfection de ces murs jusques au faîte pour poser le toît : l'orage augmentait : mais, pressant les porteurs de terre, promettant l'étrenne pour le bouquet, tous mes coopérateurs redoublant de travaux et d'ardeur, faisaient que *nous sauvions*, comme je l'ai dit, *la maison de pisé.*

Ah ! il ne faut point en douter, mon procédé est unique. Et ici pour les pignons, ils se construiront tout de même que si l'on batissait à rez-de-chaussée : vous sentez que rien n'est plus facile de porter les pièces de pisé, et de les placer pour former avec une extrême diligence ces pignons ; tandis qu'il y a difficulté, longueur et perte irréparable avec un long et pesant moule, lequel encore est si dangereux au dernier étage d'un bâtiment ; que les ouvriers, pour le transporter d'un mur à l'autre, sont dans la plus grande peine et le plus cruel souci. Jugez, *Messieurs*, lequel des deux procédés est préférable.

Fin de la seconde Conférence.

NOUVEAU PISÉ

SORTANT DE LA MAIN DE L'OUVRIER

On peut faire travailler à ce Pisé dans l'hiver et lors des pluies.

Nouveau Pisé décoré

Cette décoration se peint à fresque sur le Pisé.

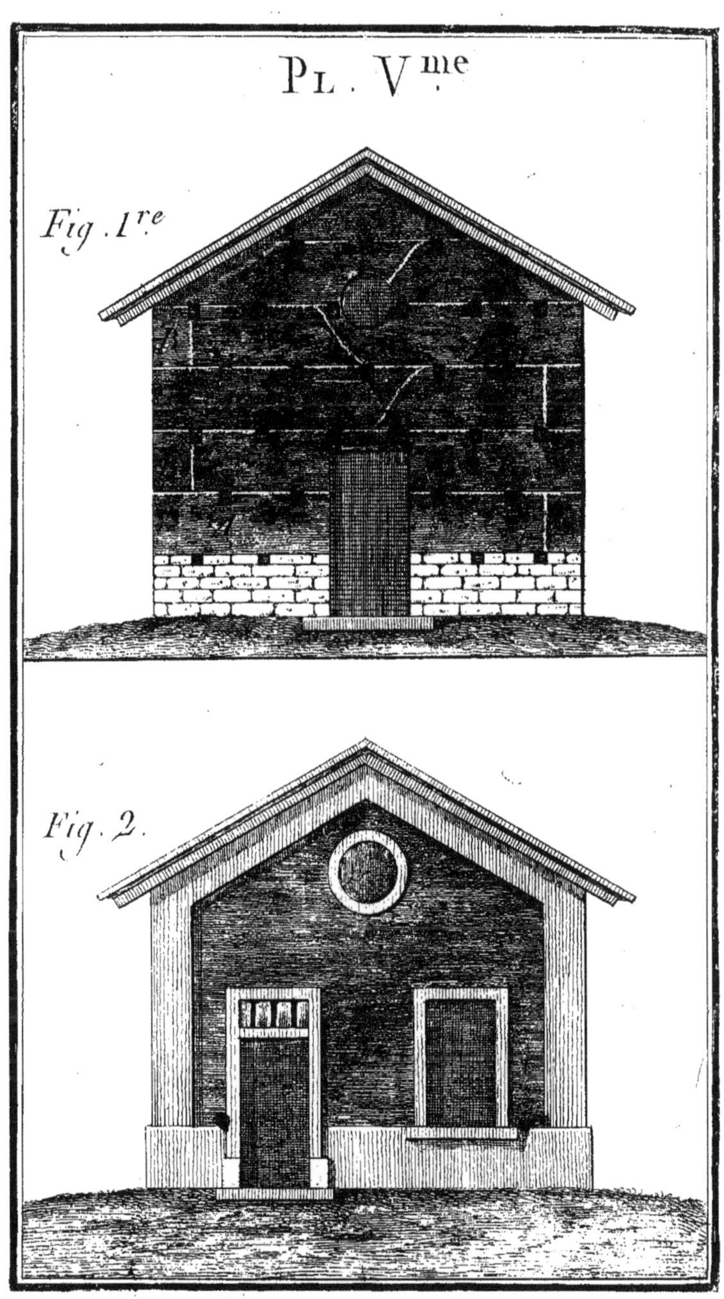
PL. Vme.
Fig. 1re.
Fig. 2.

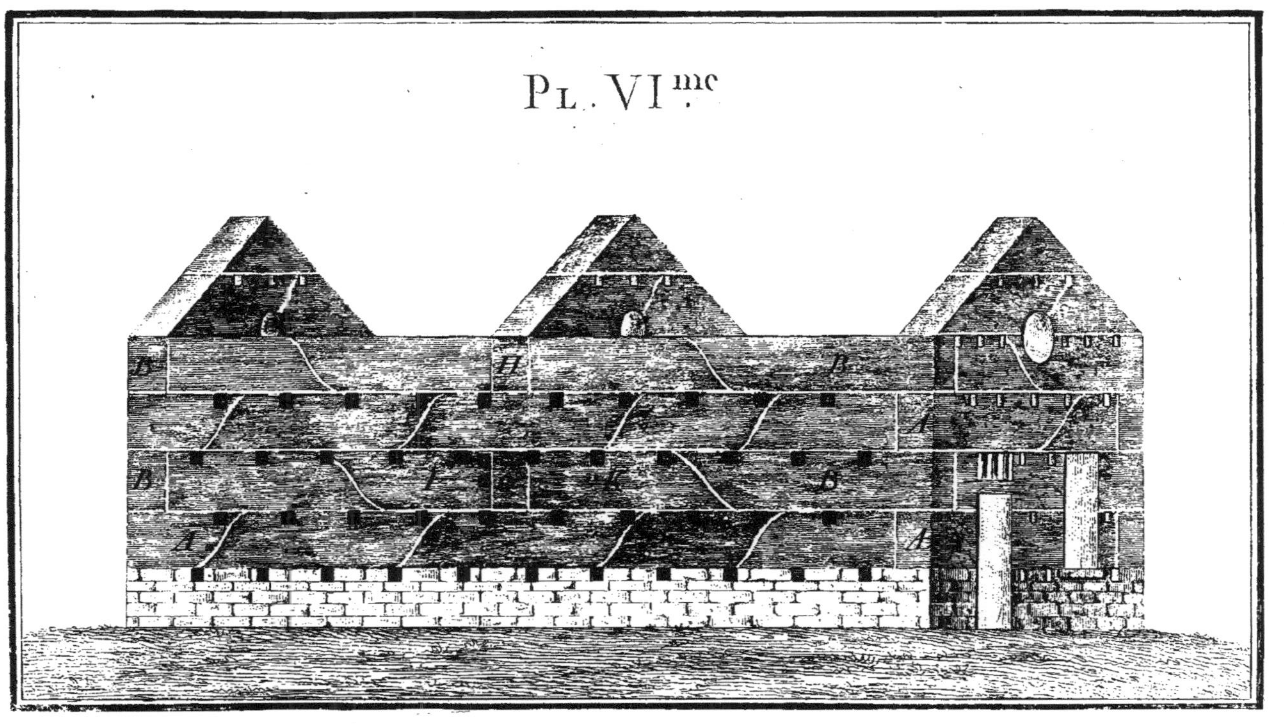
PL. VIme
B
H
B
A
B
B
A
A

TR

NOU

CONT

Jamais
mieux fai
cherche
[illegible]
dernier sy
ce qui m
[illegible]
[illegible] en
[illegible]tion
[illegible]ut p
[illegible]mo
[illegible] le s
[illegible] qua
l'emploi
[illegible] plus o
[illegible]
[illegible]
[illegible]
[illegible] vrai un
[illegible] à-

TROISIÈME CONFERENCE.

Février 1808.

NOUVEAU SYSTÊME DE BATIR.

COINTERAUX A SES CONTEMPORAINS.

J'AVAIS interrompu mes conférences par le besoin de mieux faire. Ce n'est qu'après 23 années d'étude, de recherches et d'expériences, sur la fin de l'année 1807, et bientôt de ma vie, que j'ai pu imaginer ce nouveau et dernier systême, et ce n'est qu'après avoir dépensé tout ce qu'il me restait que j'ai rendu *l'art de bâtir aussi familier que ces métiers faciles que journellement on exerce sans souci ni embarras.* Enfin je suis parvenu à un tel degré de perfectionnement qu'il ne reste pour bâtir en tout lieu et par tout pays, en un mot, dans quel hémisphère qu'on habite, le moindre obstacle : j'en suis moi-même étonné. Eh! qui ne le sera pas, lorsqu'il n'existe plus de crainte de se ruiner quand on ôse bâtir; plus de nécessité de recourir à l'emploi de matières inflammables pour moins dépenser; plus d'urgence de faire ces approvisionnemens dispendieux par des matériaux de différentes qualités; plus de besoin de ces manœuvres multipliées qui causent tant de délais: Ah! certainement: cettenouvelle méthode est au vrai une mère science, comme renfermant plusieurs métiers à-la-fois: elle est d'ailleurs si expéditive qu'on peut à l'instant, pour ainsi dire, jouir d'une maison neuve ou nouvellement réparée.

Mais ce qui en outre paraîtra fort agréable, est ce nouveau faire qui va être goûté par les familles de la plus grande opulence comme de l'extrême pauvreté. Qu'avaient-elles besoin les unes et les autres de tant se tourmenter pour aller fouiller dans le sein du globe, à l'effet d'y rencontrer quelques pierres naturelles, en abrégé des carrières, lorsqu'elles avaient à leur disposition la plus vaste qui puisse exister, telle que celle de la terre, comme comprenant la formation de tous les continents à-la-fois. Cette immense carrière, n'est-elle pas préférable et plus que suffisante pour bâtir des cents et cents millions de logemens?

Pour se soustraire aux grands frais qu'entraînent toujours les constructions; des peuples, des chefs, Annibal lui-même, ont recouru à la compression de la terre, qu'improprement alors, ils avaient nommé *pisé* : cette manutention triviale transmise, mes parens constructeurs m'en ont légué le savoir. Le public étonné, et disons enthousiasmé de cet art, m'a conduit à le répandre même au-delà des mers. Mais je supportais en silence quelques-unes de ses imperfections.

Il est donc bien heureux que par une autre voie, je sois parvenu à les supprimer, et imiter à la minute, la densité des pierres produite par un laps de tems considérable qu'y emploie la nature. Pour arriver à ce but, j'ai remonté en quelque manière à l'origine de la formation des corps pour reconnaître que le règne minéral n'est au fait que le résidu des matières végétales et animales, et que ce résidu devient pierre. Cette étude m'ayant conduit à comprendre dans sa création, et ce qui l'établit, et ce qui la perfectionne, va être grandement senti par mes compatriotes, par nos voisins, et j'ôse dire par tous les peuples. Ce qu'il y a encore de bien consolant, est l'extrême dureté où je suis parvenu. Si les maisons de l'ancien pisé avaient la durée de 100 ans, mon nouveau procédé présente le triple de cette durée. Ainsi lorsqu'une habitation subsistera trois siècles, qu'y a-t-il à desirer de plus?

Ah, certainement! on n'a plus rien à espérer, après tant d'avantages réunis dans le nouvel art que présentement j'enseigne. Eh! qui ne connaît point ce desir unanime et bien naturel qu'ont les hommes, même les moins fortunés, de posséder un chez soi, une propriété, une maison enfin. Ah! je leur assure d'avance qu'ils pourront par mon moyen s'en faire passer l'envie; car au fait, y a-t-il au monde rien de plus simple que de comprimer de la terre par des machines? y a-t-il rien de plus expéditif pour se procurer un grand approvisionnement de matériaux? y a-t-il rien de plus facile que de pouvoir les faire de toutes sortes de formes et figures? y a-t-il rien de plus heureux que cette grande régularité qui s'accorde avec le gros bon sens pour les poser avec facilité? Oui! tout propriétaire peut maintenant se flatter de bâtir ce qu'il desirera et donner à sa demeure la forme angulaire, ronde, ovale, polygone, biaise, tortue, etc. à sa clôture ou la ligne droite, ou cintrée, même en plis de serpent ou de toutes autres courbes régulières ou sinneuses, atteindre même les plus singulières: tout cela en dépensant moins que suivant l'usage reçu.

Sans doute, il est plus aisé de tirer le cordeau pour construire les murs en ligne directe que de se servir de divers points de centre pour les faire sinueux; mais ces murs tortueux dont les piquets ou jalons sont une fois plantés, s'exécutent aussi habilement que les murailles ordinaires. Je dirai de plus qu'il faut être versé dans les travaux de culture et de bâtisse pour bien sentir toutes les facilités qu'ici j'annonce ; comme également qu'il faut connaître en quelque manière la force de la science pour distribuer les appartemens d'une autre manière qu'on ne la fait, disposer les jardins, former les enclos, ériger des abris et toutes autres améliorations et perfectionnemens.

Revenant à l'objet qui nous occupe, je dis que les carrières fournissent des pierres brutes qu'il faut tailler et retailler sans cesse pour posséder des paremens propres et unis, et que l'on obtient en une minute par mon procédé : voilà le pénible et ennuyeux travail supprimé ponr pouvoir faire ce qu'on appelle la cage d'un bâtiment. Mais l'esprit se plait à considérer le petits objets qui sortent tout taillés de ma forme, case ou matrice. On sait la difficulté qu'il y a de façonner une petite pierre qu'à peine l'on peut tenir ferme entre les mains ou avec des arrêts, ce qui oblige, comme les marbriers le font, à la sceller. C'est donc ici une chose bien curieuse de posséder en un moment cette pierre factice tout de même que si on avait mis quantité d'heures pour la parachever. C'est un phénomène en vérité que de pouvoir faire sans beaucoup de peine et de dépense, ces petits corps de la forme qu'on veut; et leur service sera plus étendu que l'on ne se le figure au premier abord. En voici un aperçu : toutes les petites pierres factices qu'on peut également nommer *briques artificielles*, serviront avec beaucoup de succès à ériger les cloisons, a bâtir des armoires et buffets, à construire tout ustencile de basse-cour, à faire les agencemens des fabriques, des manufactures; des usines, des dépôts, des magasins, etc.

N'est-ce pas là les travaux qu'on nomme en bâtiment, *légers ouvrages*, lesquels se trouvent, comme on le voit, réduits à la plus simple manœuvre, ainsi qu'à la plus stricte économie, tandis qu'inconsidérément on employait pour tous ces ouvrages minutieux, les bois, ou bien les briques cuites, souvent même le fer, et ils n'en seront pas moins durables avec la terre crue et comprimée.

Je n'irai point m'étendre sur les autres possibilités, comme d'entourrer tous les feux avec cette même matière, conséquemment les jambages de cheminée, les petits murs de poëles, ceux de fourneaux, ce qui n'est point aventuré, puisque pour la manufacture Vauquelin de produits chimiques pour de vastes chaudières, on en a profité. Voyez-en le procès-verbal à la page ci-après 29.

Il est donc évident que l'art de bâtir prendra un nouvel essor par la plus simple pratique; mais si on s'avisait de penser qu'avec la terre crue, il est impossible de décorer? j'offrirais d'abord les colonnes, pilastres, corniches, voutes que je découvris en 1784, et depuis lors si souvent exécutés, non-seulement en grande proportion, je veux dire de 12 à 20 pieds d'élevation, mais en très-petit diamètre, au point de former de jolies colonnes et pilastres qui vont jusqu'à supporter avec grace les tablettes remplies de livres de ma bibliothèque : je dirais qu'avec la peinture à fresque on charme tous les yeux, que cette peinture riante n'exigeant ni colle, ni huile, ni aucune essence, se trouve par là sans altération, les couleurs ressortissant et présentant tout leur éclat.

Si d'autre part des personnes n'en voulaient qu'à l'utilité? elles se trouveraient également satisfaites. En effet, un fermier pense-t-il a séparer dans son grenier des grains de différentes qualités? il élève au moment du besoin, une petite cloison avec de minces moilons de terre; achète-t-il au marché un animal qu'il ne sait où loger ? il lui bâtit une cabane, laquelle commencée le matin se trouve terminée le soir. Veut-il fournir à la farine un sûr dépôt? il lui fait bâtir par un maçon un coffre de la figure que le local le lui permet, tel que dans un angle, ou même en saillie devant un mur, puis il est le maître de décorer joliment ce coffre; j'en ai chez moi le modèle, rue Folie-Méricourt; observant que jamais farine ne sera si bien placée, ni ne se trouvera si bien conservée que dans la terre ainsi solidifiée, non sujette à la vermine, étant d'ailleurs revêtue d'un enduit.

Il serait trop long, si je continuais cet exposé, tel que de pouvoir habilement condamner une porte ou une fenêtre, et y ménager en même tems une armoire, puisque les moilons facticessont, par leur régularité, toujours prêts et dispensent de cet amas de petites pierres et de cette profusion de mortier que toutes les fois on est obligé d'y employer; comme également qui empêchera aux propriétaires d'échanger toutes leurs clôtures qu'ils font en mauvais moilons et cailloux, avec ce nouveau genre? qui leur empêchera encore de boucher avec ces moilons factices les brêches qui s'y forment annuellement? Est-ce une raison pour ceux qui résident dans les pays qui abondent en pierres de bâtir avec elles, lorsqu'une méthode si simple, si expéditive exclut non-seulement leur transport, mais encore cette profusion de sable et de chaux que ces pierres occasionnent? D'ailleurs, la surface toujours lisse et si agréable des moilons factices, comparée à celle des murs de pierres brutes ou de cailloux, ou de celle en bauge, d'une laideur et d'une telle saleté que chacun en détourne la vue; la surface par un joli appareil, dis-je, de mes nouveaux murs, n'est-elle pas cent fois à préférer? Je le demande!

Je viens de faire connaître quelques-unes des branches produites par le tronc : ce tronc est le nouveau système de l'art de bâtir. Cet apperçu sans doute ne suffit point; je dois donc à mes contemporains le tableau qui suit.

J'ai lieu d'espérer d'après l'examen qu'on aura fait de ce tableau que l'on reviendra de l'erreur où on a toujours été : celle de ne penser qu'à l'économie des murs, quand cette économie la plus vraie, la plus grande, dépend de l'ensemble que renferme ce même tableau.

Sans doute, s'il n'était question que de clôtures, on serait excusable de ne songer qu'au ménagement à faire sur la construction des murs, encore existe-t-il pour les clôtures des ressources à employer non dépendantes de la pratique, par une composition particulière que d'avance les personnes délicates doivent avec moi prendre la peine d'étudier.

Mais pour bâtir une maison, s'attacher uniquement à la confection des murs, c'est vouloir épargner sur un seul objet, et abandonner tous les autres, lesquels dépensent infiniment plus que lui.

Cette imprévoyance des possesseurs d'immeubles pour ne devenir amoureux que de l'économie des constructions verticales, me porta ces dernières années à publier les horizontales et inclinées; et ce ne fut que pour pouvoir victorieusement combattre ce désordre de la pensée que mes nouveaux toîts et planchers parurent.

Malgré cette précaution de ma part, n'ai-je pas de nouveau le chagrin de voir la multitude vouloir s'attacher à la construction perpendiculaire, et croire qu'en solidifiant la terre pour les Murs par mon récent procédé, chacun sera assez habile de remplir son objet d'économie.

Certainement, je ne discuterai point ici les nombreux chapitres de ce tableau que j'ai dû mettre sous les yeux de tout bâtisseur, pour ne point m'aller entraîner en des raisonnemens infinis;la sagacité des souscripteurs en lisant mes conférences, [voyez *l'article 20 de mon Prospectus*] suffit pour juger que l'ensemble des travaux d'un bâtiment bien entendu, est l'unique voie pour épargner leur bourse.

A l'âge avancé où je me trouve, je ne saurais plus me charger d'aucune entreprise que souvent l'on vient m'offrir : ces entreprises, d'ailleurs, nuisent à la généralité des personnes que j'ai à satisfaire. Mon tems précieux leur sera donc totalement consacré : et voici ce que je me suis proposé.

1°. De servir de conseil à toute personne qui m'écrira en quoi consiste la construction qu'elle va entreprendre.

2°. De réduire la concession de mon brevet et la délivrance de l'instruction de mon dernier procédé ; au modique prix de 6 francs.

3°. De fournir un petit modèle, lorsqu'on ne saisira pas suffisamment ce que j'enseigne. Le prix de ce modèle sera convenu avant l'envoi.

4°. De donner l'entrée libre de mes ateliers à mes concessionnaires, ou quelqu'un de leur part.

5°. De fournir également aux souscripteurs de mes Conférences, la même entrée. [*Voyez ces Conférences*, arsicle 20 de mon *Prospectus.*

6°. Et enfin, de recevoir tous les élèves qu'on m'enverra, me faisant fort en peu de tems, de les renvoyer instruits.

Observant à mes premiers concessionnaires qu'ils jouiront des mêmes avantages, et qu'ils sont libres sans déboursé ultérieur, de me demander tout renseignement.

Les corps, principalement les incendiés, seront favorablement traités, lorsqu'ils desireront jouir en masse de mes procédés.

Envoyer les six francs, pour recevoir le privilège avec l'instruction, à M. COINTERAUX, *Professeur d'architecture rurale*, *rue Folie-Méricourt*, N.° 4, à Paris.

PROCÈS-VERBAL

S'il nous appartenait de décrire les nombreux usages des moëllons artificiels de M. COINTERAUX, il nous faudrait parcourir avec les mêmes connaissances que possède *cet auteur*, tout ce qui est relatif à l'art de bâtir.

A part tout ce que les possesseurs de grandes propriétés rurales ne manqueront pas d'adopter ; à part tout ce qui peut être conseillé au Gouvernement, dans les cas de ces constructions temporaires, et quelquefois permanentes qui concernent les FORTIFICATIONS, comme celles des têtes de pont, des ouvrages avancés, des rampes, des chemins couverts, des redoutes, des contreforts, des revêtemens intérieurs, des casemates, et sur-tout des galeries de mines; constructions qu'un siècle ose à peine entreprendre et achever, nous rendrons compte des avantages que nous avons retirés, comme MANUFACTURIER, du procédé de M. *Cointeraux*, sous le rapport de l'économie du tems et des capitaux, en avançant ce principe qu'avec SA MÉTHODE, *un solide de maçonnerie* qui coûtait 2000 fr. au moins, ne nous a coûté que 500 fr., et qu'une construction quelconque qui demandait 10 jours, ne nous en a demandé que 2.

Tant que nous ne fûmes pas intéressés à rechercher des moyens de construire promptement et avec économie, nous jettâmes à peine les yeux sur un moyen dont M. *Cointeraux* occupait à grands frais le public, et nous pensions, comme tant d'autres, qu'il fallait regarder comme suspects des essais qui avaient ruiné leur auteur, en ne lui fournissant que des succès douteux ; *mais nous changeâmes de manière de penser* [LA VÉRITÉ DEMANDE

CET AVEU [*en examinant de plus près* ; et nous ne craignons pas de dire que, quiconque se donnera la même peine que nous, sera porté à élever M. *Cointeraux* au rang qu'il doit occuper entre tous ceux qui ont enfanté des choses utiles.

Nous nous étions trompés en croyant que la méthode dont M. *Cointeraux* se servait aux yeux du public, était celle que devraient suivre les créateurs de vastes entreprises; un instant nous a suffi pour nous convaincre qu'il n'avait d'autre intention que de prouver qu'on pouvait fabriquer *des pierres et des moellons* par le seul secours de l'art, en composant des mélanges favorables à la cohésion de leurs parties ; leur communiquer la dureté par des moyens simples de *pression* ROTANTE, communs partout, susceptibles d'une très-très-grande extension, sans frais plus considérables que ceux que nécessite la culture d'un champ et sa récolte ; enfin donner à ces matériaux, en les fabriquant, *des coupes géométriques* dans tous les sens. Cette méthode de donner les formes nous a particulièrement frappés ; mais nous l'avons été davantage par cette idée que les mélanges de terre pouvaient être variés à l'infini, suivant les circonstances et suivant l'usage auxquels on pourrait les destiner.

La première expérience que nous ayons faite sur les moëllons fabriqués à Paris, composés en grande partie de SULFATE *de chaux* et de CARBONATE *de chaux* délités, encore susceptibles de cristallisation, a été de l'employer à la construction *de plusieurs cloisons de nos* ATTELIERS *et de solides de maçonnerie* destinés à supporter des fourneaux : sous ce seul rapport, nous avons, comme nous l'avons déjà dit, rencontré un avantage de 75 pour 100, partant d'une construction en briques ou moellons piqués.

Nous avons voulu étendre ce procédé jusqu'à la construction des bouches de four et des foyers, ayant soin de garantir *les pierres factices* de l'action directe du feu, par des briques cuites, mises de champ, ces pierres n'ont éprouvé *aucune gerçure*, ni dans les solides, ni dans les revêtemens: *avantages* qu'elles ont sur les briques; et elles nous en ont présenté un autre inappréciable, celui de ne transmettre que très-imparfaitement le calorique à l'exterieur.

D'autres expériences plus intéressantes encore, et qui ne doivent pas manquer de nous occuper un jour davantage, ont eu lieu sur plusieurs mélanges de terres qui, au moyen du procédé de M. *Cointeraux*, et *d'après l'idée qu'il en a eue le premier*, tend à la suppression de plus de la moitié des fours à chaux et des fours à briques.

C'est ainsi que par un travail, *grossier en apparence*, M. *Cointeraux* seconde les projets réparateurs des forêts; c'est ainsi que d'immenses capitaux employés à un mouvement préjudiciable, rentreraient dans les canaux de la véritable prospérité.

Paris, le 11 décembre 1807.

Signé :

Le chef des travaux des fabriques de Vauquelin,

Henry Lemercier,

B. Courtois, Manufacturier.

Fin de la troisième Conférence.

ACV [illegible]

ET A [illegible]

L[illegible]
[illegible]
[illegible]
[illegible]
[illegible]
[illegible]
[illegible]
[illegible]
[illegible]
[illegible]
[illegible]
[illegible]
[illegible]
[illegible]
[illegible]
[illegible]
[illegible]
[illegible]

AUX EMPEREURS, ROIS,

RÉPUBLIQUES;

ET A TOUT SOUVERAIN.

L'INTÉRÊT de chaque Puissauce exige la publication du nouveau sytême énoncé en mon tableau: je ne saurais y parvenir, lorsque de vos sujets, par une liberté préjudiciable, m'en ôtent les moyens.

Sans doute, ils ont le droit de faire venir de France, en leur pays, un exemplaire des mes œuvres, et avec le prix de ce seul exemplaire, d'en traduire le texte, de copier les planches, afin qu'en le débitant par-tout, ces étrangers sans peine m'enlevent la gloire qui m'appartient. Cette spoliation déplacée, pour des ames délicates, nuit à vos majestés, à vos sujets, et sans exception, disons-le, à l'humanité entière.

En effet, puis-je bien enseigner, lorsque d'avance les contrefacteurs détruisent ou altèrent ma doctrine? Il en est qui, sous le spécieux prétexte de *Société d'artistes*, ont tronqué mes premières leçons ; telle est, entr'autres, celle d'Allemagne, pour avoir publié en 1793, mes ouvrages, *s'en disant les éditeurs*, et indiquant à Vienne leur bureau de Riemerstrasse N°. 909, ou chez Rudolphe Græffer et compagnie, libraires, sur le Schulhof.

Ces éditeurs s'étant égarés, je m'empressai, en faisant à mon tour copier leur propre dessin, représentant des voûtes impraticables, de les exposer en public, avec des avertissemens. (Voyez ce dessin dans le cahier intitulé : *Description curieuse et instructive des modèles en pisé*, article 10 de mon prospectus.)

Mais vos ministres, toutes vos académies ne sont-ils pas persuadés que l'instruction sur les bâtimens doit, avant d'être communiquée, se trouver établie d'après un plan général, et que professée en détail, sans dépendre d'un ensemble, elle expose la vie des familles. Ces dangers éminens ne faisant rien sur l'ame cupide de certains de vos sujets; il est donc urgent que vos magistrats éclairés, vos sociétés savantes veuillent préalablement prendre lecture de mes compositions, afin qu'assurés de leur bonté, vous puissiez permettre à vos imprimeurs et libraires de les propager.

Il est hors de doute que tout monarque a grand intérêt que j'ouvre aux humains une nouvelle voie pour bâtir avec célérité et économie, sur-tout pour éviter le fléau des incendies, les dégâts des ouragans et autres ; et je n'y saurais parvenir sans la protection des chefs d'état. Quelle satisfaction, d'ailleurs, n'auront-ils pas de jetter un regard sur des villageois réunis et animés pour travailler collectivement à l'érection d'un monument que leur joie et leur tendresse leur auront dédiés, et à la construction de laquelle, certes, ils réussiront, lorsque je leur en aurai appris la pratique ? Ce ne seront plus alors des gazons, liés avec la boue, dont ils feront usage ; ni de ces charpentes pour un arc de triomphe que l'on démolit le lendemain. Ce seront des Edifices durables que leur vœu et toute leur reconnaissance envers des princes bienfaiteurs, leur érigeront ; Edifices qui sans cesse rappelleront à chaque curieux et à tout voyageur, qu'en tel jour, telle année, il fut élevé un temple, consacré au génie et au mérite du digne administrateur, dont le nom sur le frontispice est inscrit.

Les habitans d'un simple hameau seront par moi instruits pour ériger à leur prince un petit édifice proportionné à leurs minces facultés; d'autre part, des régimens qui n'avaient que des desirs par une fâcheuse impuissance, en construiront eux-mêmes sur le passage de tout grand capitaine : et leur Edifice triomphal encore une fois, subsistera longues années après la fête.

Il ne me suffit point de montrer la méthode de

ces travaux d'honneur et de gloire, je rendrais un faible hommage aux têtes couronnées; je dois donc faire connaître aux administrés de la plus médiocre fortune, comment et avec quelle sorte d'adresse, ils parviendront à devenir possesseurs d'une maison : à cet effet, la bâtir facilement sur la moindre langue de terre ; aux soldats, comment ils doivent chacun faire un logement, plutôt qu'une baraque, lequel le matin commencé, servira à y coucher sainement le soir ; aux laboureurs, un réduit pour une vache achetée au marché, et de suite l'y loger, etc. ete. etc.

Et si je m'étendais sur ces merveilleux Abris, oubliés dans tous les siècles, pour faire croître des fleurs et des fruits d'une odeur suave et d'un goût exquis : si j'annonçais ces méthodes particulières de l'art nouveau qui servent également dans les différens climats ; par exemple, pour garantir les productions terrestres des ardeurs brûlantes du soleil dont l'effet est de les anéantir en un instant ; pour au contraire les faire végéter malgré le froid Aquilon, et obtenir des fruits suaves et mûrs dans les pays les plus septentrionaux : Si j'exposais tant de ressources que ma longue persévérance et mes études suivies m'ont procuré : toutes ces pratiques expéditives que mes expériences avec mes modèles m'ont appris, et maintenant applicables à quantité d'arts et métiers, de fabriques et manufactures; ainsi qu'à une multiplicité de travaux militaires, je serais plus certain d'être protégé et soutenu par les Maîtres du monde à qui je m'adresse.

Avec ma franchise ordinaire, j'exposerai que je n'aspire point à m'enrichir, seulement à un léger secours qu'il plaira à chacun des monarques de me favoriser. Sans lui, me sera-t-il jamais possible de compléter le traité des travaux réunis de cultures et de bâtisses, et tel que le représente le tableau ci-annexé.

Tous les Empereurs, Rois et chefs d'état, daignant m'encourager, il en coûtera peu à chaque prince, et ce sera beaucoup pour moi, puisqu'alors je pourrai redoubler de zèle et d'efforts, et laisser à mes contemporains et à leurs successeurs un tel ouvrage qui manque à toutes les nations.

Je suis fondé dans ma demande; car si, tout en servant ma patrie, mes découvertes vont faire fleurir les autres pays? Si mes procédés faciles et à la portée de tous les esprits peuvent maintenant être mis à exécution dans les contrées les plus lointaines? si, par eux, ils n'ont plus d'obstacles, pour ériger des habitations sur les plus hautes montagnes, dans les vallées profondes, ainsi que dans les plaines immenses? Si les déserts deviennent par moi populeux en dévançant des siècles? S'il est maintenant possible d'enclore à peu de frais les plus vastes tenemens , les grands et petits parcs, tous les champs en un mot; former des enceintes aux cités: construire de solides remparts, etc. Enfin si je sers aussi efficacement tout le genre-humain, ne dois-je pas attendre des hommes tout puissans l'appui que je réclame, et l'attendre principalement de ces potentats qui règnent sur les contrées les plus étendues , telles que celles de l'Empereur de toutes les Russies; des Etats-unis de l'Amérique, et des autres maîtres de la terre, dont tant de terreins restent incultes, faute d'habitations.

Je les supplie donc individuellement de m'ordonner l'envoi de mes livres et modèles, soit ceux que j'ai déjà mis au jour, soit ceux que jevais successivement faire paraître , et à la fois me permettre de les adresser *sous le couvert de leurs ambassadeurs en France*, aux académies de leurs principales villes, pour y être exposés à la vue de leurs sujets.

Offrant de fournir tout renseignement ultérieur pour être le plus possible , clair et précis , enfin ne rien laisser à desirer lorsque je n'existerai plus.

Le soin particulier de ces Ames justes, éclairées et sensibles au bonheur de leur pays qui habitent près des trônes: la peine qu'elles vont se donner pour parler en faveur d'un artiste: la prière même qu'elles employeront auprès des Empereurs, Rois, et tout chef détat, doivent me faire espèrer encore plus : Non-seulement je serai aidé, mais je les obtiendrai elles-mêmes pour collaborateurs.

COINTERAUX,

Professeur d'Architecture rurale,
à Paris, y demeurant, rue
Folie Mericourt, n°. 4.

QUATRIÈME CONFÉRENCE.

Février 1808.

Analyse de ce qui est contenu dans le titre et les premières Conférences.

TITRE.

On voit page première, que le *traité sur les arts réunis de cultures et de bâtisses*, sont, ces deux arts, absolument inséparables : on en sera de plus en plus convaincu par ce qui va suivre.

Page 2, que l'*Agritecture*, cette nouvelle science existe véritablement: elle est utile, nécessaire; je dis plus, indispensable : l'on va également s'en assurer.

Page 3, que les vrais jardins, ceux que l'art, la nature et la raison indiquent, doivent faire rejetter tous les égaremens de l'esprit dans la composition de ceux qu'on nous a présenté, vu que les jardins ne sauraient avoir pour guides, ni *modes*, ni *fantaisies*.

Page 4 et dernière de ce titre, que l'art de faire le feu dans les habitations, étant un objet essentiel dépendant de la science des constructions, fournira aux architectes, sur-tout aux maçons, un guide certain qui leur manquait pour édifier convenablement les cheminées.

Première Conférence.

On s'apperçoit, page une, que la première machine que j'avois imaginé, a, avec fondement, été nommée *Crécise*. En conservant toute son utilité, j'ai dû adopter les gros marteaux semblables à ceux des maréchaux et forgerons, ainsi que des ais ou petites planches minces, pour pouvoir facilement faire couler les moëllons deterre, et les posséder intacts, après avoir été comprimés dans chaque case ou matrice.

Deuxième Conférence.

Page 13 et 14, que le nouvel appareil que nécessite mon genre particulier de bâtir, a dû porter les auteurs en traitant de l'architecture, à prescrire une grosse épaisseur aux murs, telle que celle d'un demi-mêtre ou 18 pouces; mesure la plus usitée, par la raison que les moëllons sortant des carrières ont toujours une grande largeur; mais en la restreignant, il arrivait que les moëllons taillés pour cette réduction, n'avaient plus cette assiette nécessaire pour la solidité. Cette cause cessant, par la facilité de faire avec mes pierres factices tout mur de l'épaisseur que l'on veut, me conduit donc à ce nouvel appareil pour ne laisser faire à tout bâtisseur que la dépense qu'exigera l'élévation de la construction qu'il se propose. Néanmoins, le poids des masses, quartiers ou moëllons, serait un obstacle, si je n'avertissais pas de l'urgence de réduire leurs dimensions, et les proportionner à la force ordinaire de l'homme; base sur laquelle je vais présentement m'établir.

Poids des Pierres factices.

Il n'est pas douteux que les diverses natures de terre occasionnent des différences sensibles dans leur pesanteur : plus une terre aura ses particules divisées ; plus étant pressée, elle augmentera de poids. Il en est, pour être sableuse, qui pese, le pied cube, 168 livres, ou 84 kilogrames, conséquemment ce poids surpasse celui du pied cube de la pierre dure qui n'est que de 140 livres ou 70 kilogrames ; tandis que la terre ordinaire également rendue massive par la pression, ne produit de pesanteur pour le même pied cube, que 100 à 120 liv. ; ce qui équivaut au poids de la pierre tendre ou de St. Leu.

D'après ces seules données, on sent que pour former la moitié d'un pied cube, il faudrait donner au moëllon qu'on se propose de fabriquer, les mesures convenables pour obtenir 864 pouces cubes, moitié de 1728 pouces cubes que contient le pied cube ; par la raison que 12 fois 12 font 144, et les 144 pouces quarrés, multipliés encore par 12, produisent les 1728 pouces cubes. Ainsi par le premier exemple, si la terre avant d'être pressée, se trouvait très-menue ou fine ? il en résulterait que ce moëllon de demi-pied cube, peserait 84 livres ; ou bien, si la terre était moins divisée, ce même moëllon, par le second exemple, ne serait plus que du poids de 50 à 60 livres.

Mon expérience m'ayant appris que les plus grand moëllons ne sauraient être que du poids de 50 livres ou 25 kilogrames, à quelque chose près, pour pouvoir être, par un ouvrier, facilement soutenu, retourné et transporté, afin qu'il puisse le poser, souvent le déplacer, avant d'être définitivement mis en place ; mon expérience, dis-je, me porte à conseiller la fabrication des plus gros moëllons, à 14 pouces de long, 8 pouces d'épaisseur et environ 7 et demi de hauteur. *Voyez* page 15, pour ne produire que 840 pouces cubes, et un poids d'environ 50 livres. Cette règle générale que souvent je rappellerai, sera l'une des pricipales règles de mon nouvel appareil. Je dois maintenant rendre compte de cet inappréciable perfectionnement, comment et par quelle cause j'ai pu le faire, ce qui à la fois servira d'instruction.

Perfectionnement des Pierres factices.

Il s'agissait de réparer les casernes de la ville de Roche-sur-Yon, actuellement Napoléon-Ville, que mes ouvriers avaient construits en 1806, avec la méthode de l'ancien pisé; mon but était louable, car je cherchais à correspondre de mon mieux aux sages vues de *Sa Majesté l'Empereur et Roi;* de délivrer en même tems tous les possesseurs de ces ouvriers que l'on nommait *maçons-piseurs;* maçons trop orgueilleux de ce savoir, pour faire composer les propriétaires, et leur ôter la majeure part de l'économie qu'ils cherchaient.

La *Crécise*, comme on a vu, ne me contentait point par l'usage du levier; les gros marteaux qui le remplacèrent ne me suffirent pas encore, et je me trouvai toujours à la recherche; mais désirant et voulant la suppression totale de l'ancien pisé, jusqu'à celle de son nom, en même tems, qu'il ne fût au monde plus question de torchis et de ses ingrédiens, plus de toutes ces mesquines maçonneries en cailloux, pierrailles, ou vils moëllons que la gelée, la chaleur et la pluie détruisent; et résolu de remplacer également, par un simple procédé, tous ces murs que dans quantité de pays l'on fait en briques cuites, je fis les plus grands efforts pour réussir.

J'achetai donc une presse : sans doute, avec elle, je

pus faire des bons moëllons ; mais arrêté de nouveau par la lenteur de la vis, je sentis que, sans de l'activité dans la fabrication, l'économie désirée s'envole.

Recourant à plusieurs autres machines, les unes me présentèrent des avantages avec des inconvéniens ; les autres plus d'inconvéniens que d'avantages : fatigué de tous ces essais, je jettai le manche après la coignée, et abandonnai mon atelier. Me voilà renfermé en mon cabinet, repassant dans ma mémoire toutes les mécaniques : une clarté parmi tant d'idées confuses apparut. Ce fut celle d'admettre indistinctement toutes les machines avec tous les instrumens propres à la pression dont il s'agit. Mais ce qui marquera dans les annales du monde, je dois le présumer, est l'idée qui me survint de faire servir les pressoirs à cet objet ; en effet ces gros et si lourds instrumens qu'on les considère comme de véritables immeubles par leur stabilité permanente, me parurent si convenables quand je calculai que sur 366 jours annuels, ils ne sont mis en mouvement que lors de la semaine des vendanges, me firent tressaillir de joie.

Les pressoirs à cidre à leur tour, dont l'office n'est que pour le tems de cette sorte de récolte, et qui, comme les pressoirs à vin, restent tous les autres jours de l'année, exposés aux ordures et à la poussière, furent dans mon imagination également admis.

Les autres presses moins considérables me semblèrent avoir chacune leur mérite.

Poussant plus loin mes recherches, je fis entrer dans ma liste, les marteaux à foulon, par l'arrangement de mes matrices à soumettre sous les coups répétés de ces marteaux.

Les gros cylindres ou rouleaux y vinrent aussi s'y placer ; car je sentis qu'en les faisant lentement acheminer sur des pièces de bois, on parviendrait, par leur fort poids, à produire quantité de pierres factices.

Puis passant, en revue, ces artifices majeurs, tels que les moulins à eau, à vent, à manège, je trouvai encore là, des moyens de fabrication admissibles.

La presse hydraulique, récemment inventée, pouvait avoir un grand mérite, si sa dépense n'était point extraordinaire.

Il ne fut jusqu'au balancier de la monnoie, qui n'entrât dans la nomenclature que je formai; plus cette machine, nommée *Mouton*. Ainsi prisonnier chez moi, je fis faire en peu de jonrs, à ma nouvelle science, plus de progrès que j'en avais mis dans mes ateliers pendant une année.

Flatté d'un aussi heureux succès, je me présentai avec confiance au ministère de l'intérieur, et en vertu d'une réponse que j'en obtins, le 13 Novembre 1807, je pus me présenter au Bureau consultatif des Arts et Manufactures; où, à tous les membres assemblés, je fis lecture d'un mémoire contenant cette très-grande découverte. Le bureau délibèrant, prétendit que cet objet ne le concernait point directement; il en renvoya la connaissance aux architectes composant le conseil des bâtimens civils près le même ministère. Les architectes d'une voix unanime, approuvèrent ma découverte, et l'utilité inouïe que toutes les campagnes de la France et de l'Italie, en allaient retirer.

Ce narré fait, je passe à l'article suivant.

Des Terres et de leurs qualités.

Les naturalistes, les physiciens et les chymistes conviennent de la disette des noms pour différencier les qualités des terres. On ne possède donc qu'une nomenclature incertaine; et si cette même nomenclature est altérée dans chaque canton, même à chaque territoire, comment parviendrai-je à me faire entendre dans tous les pays, si ce n'est en hasardant les réflexions suivantes?

1°. Toutes les terres, puisqu'au vrai elles sont les résidus des végétaux et des animaux; ont existé pendant une immensité de siècles; donc qu'elles diffèrent peu entre elles de qualité?

2°. Leur couleur n'ôte rien à l'aptitude qu'elles ont de s'affermir.

3°. Les terres possèdent les unes plus que les autres de ce *gluten* ou *humus* qui lie si fortement leurs particules.

4°. Les terres, sans cet agent, ne sauraient plus se durcir que par la voie des affinités.

5°. Celles qui sont douces, liantes, se fondant dans l'eau, ne sauraient être mises en usage pour l'objet dont est question; mais étant mêlangées avec d'autres, ce mêlange augmente la dureté que l'on cherche.

6°. Il existe peu de qualités de sable qui manquent absolument de cette propriété glutineuse.

7°. On compte 800 espèces de terre, selon Macquer.

8°. Le vulgaire nomme les terres; *grasses*, *maigres*, *fortes*, *glaises*, *lourdes*, *légères*, *poreuses*, *friables*, *végétales*, *savoneuses*, *lessivées*, etc.

9°. Les chimistes les distinguent, par *silice*, *alumine*, *baryte*, *magnésie*.

Premières Remarques.

Sur le prémier article : on distingue les terres, qu'on nomme également pierres, par la propriété que les unes ont de se convertir en chaux, et de se dissolver dans les acides; telles sont la *craie*, le *marbre*, *certains cailloux*, *coquilles*, etc.

Sur le second : cette couleur n'étant que le produit

d'une partie plus ou moins colorante de la décomposition animale et végétale, mélangée avec plus ou moins grande portion des autres parties sans couleur, ne diminue nullement les qualités du *gluten* qu'elles peuvent individuellement contenir.

Sur le troisieme : il résulte de cette plus ou moins surabondance de *gluten*, des solidifications de terre plus ou moins fortes : semblables aux qualités des pierres qui sont les unes dures, d'autres d'une moyenne densité; d'autres connues sous le nom de pierres tendres.

Sur le quatrieme : pour que des terres sans *gluten* puissent se durcir à l'air libre, il faut, leurs particules ou grains étant infiniment divisés, nombre des siècles à l'effet d'en obtenir une masse pierreuse : tel est le *jaspe* et le *diamant*.

Sur le cinquieme : ces qualités de terre fondantes servent ici elles-mêmes de *gluten*, pour s'incorporer, se dénaturer en quelque sorte, à l'effet de s'allier avec les terres crues, si je peux ainsi m'exprimer : terres arides qui manquent de liaisons.

Sur le sixieme : on ne s'est point encore suffisamment expliqué sur la nature des sables : la science, disons-le, a, jusqu'à présent, restée muette : mais j'ai l'expérience que quantité d'espèces de sable contiennent le *gluten* dont j'ai parlé.

Sur le septieme : si pour les argiles seules, on compte un si grand nombre d'espèces, on n'en sera point surpris en considérant que tant de débris formant la *terre* de notre globe, produisent en se décomposant, cette diversite de genres par un mélange infini de matières animales et végétales, reconnus par Macquer.

Sur le huitieme : chacun étant familier avec les noms et les qualités des terres en usage dans le lieu qu'il habite, je pense qu'il sera plus avantageux de s'en servir que d'aller s'enfoncer dans l'obscurité que lui présente la profondeur d'une nouvelle dénomination.

Sur le neuvieme et dernier article : les chimistes nomment *silice*, la terre vitrifiable : *alumine*, l'argile : *baryte*, la terre la plus pesante : *magnésie*, la terre la plus fine et la plus blanche.

Deuxièmes Remarques.

Tout propriétaire est assez expert pour savoir si la terre de son domaine est grasse ou maigre ; forte ou légère : qu'elle n'est d'un solide produit quand le sable pur y domine : que la terre des bois et forêts, toujours productive, est de couleur brune, même noire : que celle qui se trouve au pied des montagnes, côteaux et dans les vallées profondes contient avec profusion *cet humus* ou *gluten* si nécessaire à sa solidification : que les terres des étangs se fendent en tems de sécheresse, ainsi que celles des mares : que les terreins qui bordent les rivières sont gras, onctueux par les eaux qui chaque année les submergent, sur-tout la terre la plus près des bords, celle-ci recevant sans cesse l'écume de ces rivières : tout propriétaire encore sait que les terres en culture qui présentent le plus de mottes, et que les cultivateurs après le labour, sont obligés de casser, indiquent leur grande ténacité.

D'après cette apperçu, il est facile de concevoir que la presque totalité des terres est susceptible de se solidifier ; si ce n'est celles qui présentent une aridité absolue, telles que celles des Landes ; mais par un heureux mélange on parvient encore à en former des corps d'une densité satisfaisante.

J'observerai en outre, que les terres végétales sont

aussi propres à ériger des bâtimens, par la raison que si elles ne recèloient point dans leur nature cette sorte d'*humus*, elles ne sauraient servir à la croissance des végétaux.

Les terres grasses que souvent l'on prend pour de l'*argile* ou pour l'*alumine* dont parlent les chimistes, ou bien qu'on nomme terres franches, sont également bonnes à former des corps durs ; mais employées seules, elles ont le défaut de se fendre ; je veux dire, de laisser paraître nombre de petites crèvasses, lesquelles, aux yeux des personnes inexpérimentées, font naître l'idée du plus mauvais ouvrage ; mais comme il est si facile d'y remèdier par le mélange d'autres terres, chacun n'aura plus ce déplaisir.

Enfin les terres fortes, et celles remplies de fins graviers, et auxquelles on ajoute de la terre franche, grasse et pure, procurent d'excellens moëllons artificiels.

Ttroisièmes et dernières Remarques.

Malgré tous ces détails et toutes mes précautions pour faire saisir aux possesseurs la connaissance des terres et la manœuvre pour en faire des pierres factices ou moëllons, je me vois obligé de leur dire qu'ils réussiront mieux, s'ils prennent la peine de les fabriquer en petit volume eux-mêmes, en se servant de mon modèle, nommé *Crécise ;* mais souvent il est des pères de famille trop occupés, d'ailleurs craignant la peine, laquelle néanmoins n'est pas grande ; dès-lors ceux-ci ayant ordinairement un homme d'affaires, un régisseur, ou un maître-ouvrier, lui donnent cette commission pour éprouver toutes les terres d'un domaine. Cet homme de confiance, muni de ce petit instrument, se fait apporter à la maison, un peu de terre de chacune des pièces de fond : il l'essaye, et on voit quelle dureté le petit corps ou moëllon procure. Le voilà bientôt au fait de cette opération au moyen de la description de cet instrument. Voyez-en la note dans mon *Prospectus*, article 10 des *Modèles*. Ainsi toutes les qualités de terre dépendant de la propriété, ayant été éprouvées, il me reste à parler des divers mélanges, lorsque le cas le requiert.

Des mélanges de Terre.

Si votre terre n'est ni trop grasse, ni trop aride, elle dispense d'aucun mélange. Mais si absolument elle se trouve franche et onctueuse, présentant la pureté même, c'est-à-dire, sans des petits grains rudes au toucher ; dès-lors ayez recours à une matière quelconque, telle que celle d'un sable, ou bien à des décombres de bâtimens, ou encore à une terre graveleuse.

Sans doute faisant de si petits essais avec un si petit modèle; il vous faut concasser et piler, même passer au crible vos terres et décombres, ce dont vous pouvez vous dispenser, lorsqu'en grand, vous formerez de gros moëllons ; mais dans la chambre et cabinet, ou mieux en un rez-de-chaussée, il vous sera facile de former de petits tas pour ce mélange. Vous dire la quantité de terre aride, ou de démolition que vous devez ajouter à la terre grasse, ce serait trop hasarder. C'est vous-même qui jugerez la portion plus ou moins grande : commencez donc à opérer, et vous reconnaîtrez que les petites masses ou moëllons que vous aurez fait, vous indiqueront suffisamment si votre mélange est bon : au surplus, recommencez, même plusieurs fois, et vous vous habituerez à la solidification, au point de devenir un bon connaisseur. Enfin si les petits tas de terre, sable ou décombres sont secs ? il vous faut les humecter, et non les mouiller : à cet effet, servez-vous de l'eau de rivière, étant moins crue que celle de puits ou de fontaine ; ou de l'eau de pluie ou de mare, ou de réservoir ; néanmoins pour opérer en grand, on n'a souvent que l'eau de puits ; en ce cas jettez dans un baquet qui contiendra cette dernière eau, un peu de cendre, ou de chaux : cela suffit pour corriger la crudité de l'eau de fontaine ou de puits.

Mon instruction pour opérer avec la crécise suffisant, je ne m'étendrai pas davantage.

Un propriétaire dans l'étendue de ses fonds ne manquant jamais de différentes qualités de terre, sa délicatesse le portera à en faire faire la recherche : d'ailleurs, il en faut une si petite provision pour faire quantité d'essais, que c'est plutôt un amusement qu'un travail.

Il est donc rare de ne pas trouver chez soi toutes sortes de terre ! Au surplus, en fouillant, on en rencontre au dessous de la surface du sol. D'ailleurs pour opérer en grand et faire des maisons et murs de clôture, n'a-t-on pas toujours des excavations à faire : d'abord ce sont les fondations : puis un cellier, une cave, une laiterie, une citerne et un puits : d'autre part, une mare, un réservoir pour l'eau dont il faut fouiller et enlever le terrein : souvent des buttes à applanir, un jardin à former qui exige des mouvemens, principalement pour ses pentes, ses allées, pour des bassins, canaux, cascades, jets-d'eau : et je ferai voir dans la suite de ces Conférences, l'art des ados pour garantir du froid aquilon les végétaux, ce qui fournira encore de la terre propre à bâtir.

Mais pour ces mélanges n'a-t-on pas toujours chez soi quelques démolitions. C'est bien inconsidérement qu'on les a, à grands frais, fait transporter hors de son domicile. Voyez ici leur utilité. Qui vous empêchera de faire briser les décombres ? qu'ils soient de chaux, de plâtre, ou les débris d'un mortier de terre sans chaux.

Pour ne rien laisser à désirer, lorsqu'il ne s'agit plus de ces petits essais avec la crécise; mais de bâtir en grand, je dirai qu'en piochant, on jette la terre en tas, et toujours à la cime de ce tas, afin que les plus gros morceaux ou mottes roulent au pied : alors avec la pèle on écarte les pierres, cailloux, et les mottes de terre qui sont descendus au pourtour de ce tas; et on charge la voiture de la terre piochée et ainsi divisée, pour la conduire à la maison sous un hangard, une remise, un magasin ou un cellier, dans lequel on aura placé l'instrument propre à former des pierres factices.

J'observerai que ce travail et ce transport se fait par occasion, si on n'est point pressé de bâtir. La voilà donc cette terre : voilà cet approvisionnement si cher pour servir à toutes les heures de l'année : fait-il mauvais tems ? on en profite pour employer ses gens à ce travail! les bourgeois, fermiers et maîtres, quels qu'ils soient, *allez*, disent-ils, *solidifier :* ces domestiques, dès-lors, font un tas tout à côté de la grande provision : et avec un râteau ils retirent du pied de ce tas les pierres qui s'y trouveraient encore, et brisant, le plus possible, les petites mottes, car il ne faut pas craindre celles qui se trouveraient grosses comme une noisette ou châtaigne lorsqu'il s'agit de la construction des murs, pour maison.

Quand le tas d'un volume qui pourrait à-peu-près contenir un tombereau, est ainsi formé et nétoyé ; les valets voient si la terre a la fraîcheur ordinaire de celle que l'on tire à deux ou trois pieds au dessous d'un sol : s'ils la trouvent trop sèche ? En prenant un arrosoir de jardinier avec sa grille, ils n'arrosent point la terre du tas, seulement ils l'aspergent ; et de suite, ils bouleversent le tas pour tout méler. Cela fait, ils en prennent un peu qu'ils essayent avec le petit instrument nommé *Modèle de la crécise ;* ils ont bientôt apperçu si la terre est assez humide, ou bien encore sèche.

Cette précaution est si nécessaire, que la terre mouillée ne saurait être bien comprimée, et deviendrait boue ; mais humectée à propos, elle est susceptible d'être pressée à l'excès.

Il est sans doute inutile de faire remarquer que l'on profite de ce remuement de la terre, pour faire le mélange, lorsqu'il est nécessaire d'en corriger un défaut.

J'ai bien lieu de me réjouir de ce procédé. Autrefois les piseurs étaient obligés de faire cette préparation en dehors, conséquemment à découvert, en un mot, sous le ciel. Alors il leur fallait essuyer tous les désagremens : le bâtiment était en train, et leur tas ou monceau de terre étant exposé ou à la trop grande châleur, ou à la première pluie, se trouvait, par fois, ou trop sec ou trop mouillé : Que faire en ce cas ? cesser le pisé, si les maçons avec leurs manœuvres eussent été raisonnables ! il est vrai qu'il était bien fâcheux, même pour des entrepreneurs de voir, par ces mauvais tems, interrompre les journées de tant d'ouvriers. Ainsi, soit le maître, soit les compagnons et manœuvres, passaient là-dessus, et employaient la terre trop humide, même mouillée, en un mot comme elle se trouvait ; ce qui, comme l'on voit, leur faisait faire de mauvaise besogne.

Non ! on ne sentira qu'à l'avenir l'avantage de la pression instrumentale que j'ai enfin imaginé. Il faudrait que je fis connaître tous les inconvéniens, autres que ceux détaillés dans mes deux premières Conférences, ce qui ne conduirait qu'à faire connaître la différence de pouvoir retrouver le lendemain sous un hangard, appentis ou autre lieu à couvert, le monceau de terre au même état que les ouvriers l'avaient abandonné la veille, c'est-à-dire sans avoir été submergé pendant la nuit ou dans la matinée par une pluie abondante, principale cause et empêchement de continuer la construction de l'édifice ou celle du mur de clôture, sans les exposer à des accidens fâcheux. Je termine donc ici cette conférence.

Fin de la quatrième Conférence.

LA P

OITS

PAR LE

DE

IMPARA

Et les

C

LE

IMPRIM

LA PLUS GRANDE ÉCONOMIE
DES
TOITS INCOMBUSTIBLES,
PROUVÉE
PAR LES MÊMES CALCULS ET VALEURS
DE NOUVEAUX TOITS,
RÉCEMMENT PUBLIÉS;

OU

COMPARAISON entre les Toits de M. Cointeraux,
Et les Toits de M. Menjot d'Elbenne;

OUVRAGE IN-8°. AVEC GRAVURE.

Prix : 1 franc 25 centimes.

A PARIS,
Chez M. COINTERAUX, rue Folie-Méricourt, n°. 4;
Et chez LENORMANT, Imprimeur-Libraire.

DE L'IMPRIMERIE D'ÉVERAT, RUE SAINT-SAUVEUR, N°. 41.

AOUST 1808.

CINQUIÈME CONFÉRENCE.

Août 1808.

UN Ouvrage, récemment publié, sur les Toitures des Bâtimens, a dû, sans retard, me porter à en entretenir mes Souscripteurs. Ne leur importe-t-il pas de savoir à quoi s'en tenir? J'ai publié, en décembre 1806, l'art des toitures, ouvrage sanctionné par l'Institut Impérial. Je me propose de démontrer une seconde fois que la plus grande économie qui soit au pouvoir de l'homme d'apporter, non-seulement à la construction des toits neufs, mais encore à la réparation des anciens, dérive des principes puisés dans la véritable architecture; car, ceux qu'on annonce ne tiennent qu'à des aperçus, à des pratiques douteuses, et qui peuvent induire en erreur. La bonté de mon toit est déjà démontrée par une première édition, et par une seconde, qui bientôt va être épuisée; elle le sera davantage par les éclaircissemens ultérieurs que je vais donner, et qui mettront le public à même de prononcer entre nos différens procédés.

Voici le titre de ce nouvel ouvrage sur les toits.

CONSTRUCTIONS RURALES. Moyen de perfectionner les Toits et de les rendre plus commodes, plus économiques, en conciliant l'élégance à la solidité ; ou SUPPLÉMENT, à l'art du CHARPENTIER, du TUILIER et du CHAUSSUMIER, *par* M. MENJOT D'ELBENNE, ex-Législateur, Président du Conseil d'arrondissement de Mamers, département de la Sarthe, de plusieurs Sociétés savantes, etc. etc.

A Paris, *chez* COLAS, *imprimeur-libraire*, *rue du Vieux-Colombier*, *n°*. 26, et *chez* DELAUNAY, *libraire*, *Palais du Trbunat*. — 1808.

OBSERVATIONS.

M. d'Elbenne produit une table comparative de différentes constructions de toits ; les voici :

1°. *En briques et fer* pour la couverture d'un bâtiment de 40 pieds sur 18, dont la dépense, à sa manière, est de 712 fr. ; et en celle dite *à la Française*, elle eût été de 821 fr. ; d'où résulte une différence de prix de 109 fr. en faveur de *ses briques et fer.*

2°. *En bûches de sapin* pour la couverture d'un bâtiment de 40 pieds sur 21, dont la dépense est de 355 fr. 75 c., et en charpente à la française, de 884 fr. ; différence de 528 fr. 25 c., en faveur *de ses bûches de sapin.*

3°. *En briques et bois* pour un bâtiment de même étendue, dont la dépense est de 307 fr., et en charpente à la française, égal prix de 884 fr., différence de 577 fr., en faveur de ses briques et bois.

4°. *En carreaux de sapin* à la Philibert Delorme,

pour un bâtiment encore de la même étendue, dont la dépense est de 628 fr., et en charpente à la française, égal prix de 884 fr., différence de 256 fr., en faveur *de ses carreaux de sapin.*

Ainsi les toits à la française sont les plus dispendieux; mais celui en briques et fer, quoique M. d'Elbenne fasse entrer un métal aussi rare, coûte moins. Celui en carreaux de sapin, et malgré l'économie présentée d'après Philibert Delorme, n'en diminue pas certes de beaucoup les frais. Celui en bûches de sapin devient tout-à-coup d'une forte économie; enfin, le toit en briques et bois ajoute à cette dernière économie.

Comparaison de ces Toits avec les miens.

On a le devis d'un toit, dans mon ouvrage intitulé: DESCRIPTION EXACTE ET RAISONNÉE DU NOUVEAU TOIT, *depuis l'orage ou la tempête du* 18 *février* 1807, PAR COINTERAUX. Voyez page 14 et suivantes, que pour la construction d'un toit de 24 pieds sur 16, il en coûte 104 fr.; mais comme le bâtiment de M. d'Elbenne est environ double en superficie du mien, on trouve, par le calcul progressif, 200 fr. de dépense, en construisant par ma méthode. Il est évident que M. d'Elbenne dépense plus que moi, sans avoir la solidité indispensable à toute construction; et c'est trop avancer, quand il dit que ses toits sont incombustibles, même pour sa construction en briques et fer, où il se trouve du bois à découvert; car les extrémités de ce toit, avec le hangar dont il fait mention, page 40, est en simple et menue charpente.

Chacun peut donc épargner, avec mon toit, 512 fr., sur celui que propose M. d'Elbenne, en briques et fer: 428 fr. sur un autre qu'il indique en carreaux de sapin à la Philibert Delorme; 135 fr. sur celui qu'il conseille en bûches de sapin; et 107 fr. sur son toit en briques et bois.

Mais conseillerai-je d'user de cette avantageuse économie? non, sans doute! C'est pourquoi dans mon ouvrage ci-dessus rappelé, page 15, j'ai ajouté 100 fr. de dépense pour rendre les toits parfaitement à l'abri des incendies; ce qui, par le même calcul progressif, porteroit à 400 fr. tous les frais pour un toit tout aussi vaste que ceux de M. d'Elbenne; d'où résulte encore une autre comparaison fort intéressante. La voici:

Malgré sa construction en briques et fer, qui diminue la dépense sur celle à la française, je me trouve, sur la première, 312 fr. de rabais, et, sur la seconde, 421 fr. Sur celle à la Philibert Delorme, en carreaux de sapin, ce rabais n'est plus que de 228 fr.; mais sur la construction à la française, il est porté à 484 fr. Maintenant sur les toits en bûches de sapin, et en briques et bois, je suis pris. Ce n'est pas là un grand malheur; car il ne s'agit au surplus que d'ajouter 44 fr. 25 c., ou 93 fr. pour me trouver au niveau de M. d'Elbenne, lequel alors ne présente que des frêles constructions extrêmement dangereuses. Je m'expliquerai bientôt.

Où est le propriétaire le plus mal-aisé qui ne fera pas le petit sacrifice de 44 fr. 25 c., ou de 93 fr., pour se procurer un toit aussi étendu, tel que celui de 40 pieds sur 21 ? Où est le père de famille le plus avare qui ne préférera pas mon toit, dont la force et la bonté lui fournissent toute la sécurité qu'on doit attendre de pareilles œuvres ? Il s'agit de la fortune et de la vie. Le feu, les orages, les tempêtes, ne sont-ils pas à considérer ? Et les toits que l'on conseille sont tous comme ceux de Philibert Delorme, à la cime des maisons, granges, fours, etc., montés comme des quilles ; ils ne s'y entretiennent qu'en équilibre.

Espérant mieux faire que Philibert Delorme, on propose, d'une part, de substituer à deux fermes de grosse charpente, quatre cintres isolés en briques ; de l'autre, des cintres encore isolés, mais ceux-ci en bois, et semblables aux jantes des roues de carrosse ; jantes seulement goujonnées et chevillées au moyen d'un enfourchement. Ces quilles de bois et de briques ne sont entretenues que par des lattes. On ose enfin présenter à la sévère architecture des bois en corde, par la raison que ce sont de très-petites pièces qui, distribuées, formoient le systême de la légère charpente.

Mais si cette malheureuse charpente a causé tant d'accidens, celle que l'on propose, tout en disant qu'on l'a perfectionnée, combien de malheurs nouveaux ne produiroit-elle pas ? M. d'Elbenne place ses cintres entre deux murs de pignon ; et si l'un de ces pignons venoit à péricliter, il entraîneroit son toit, et la culbute auroit lieu. C'est ce qui est arrivé près de Dammartin, pour la charpente nue en planches; c'est ce qu'on voit encore dans la très-longue écurie de la poste de Charenton près Paris, ou toutes les cerches se jettent d'un même sens et penchent du côté d'un mur de pignon qui a fléchi. Et je prédis que l'accident seroit plus terrible et plus fréquent ici, ou l'écartement des cintres devient plus grand que dans celui des cintres en planches; tout s'écrouleroit à la fois, et en tombant de si haut, se briseroit, fracasseroit tout ce qui est en bas, blesseroit ou tueroit les personnes et les animaux.

Le zèle de l'éditeur et de l'auteur est bien louable, mais peu versés dans l'art des constructions, ils ont inséré dans leur livre, page 4, le passage suivant :

« La dévastation des forêts, la rareté des grands ar-
» bres nécessaires pour le genre de construction le plus
» en usage, augmentent les frais. On veut en trouver le
» dédommagement dans les autres matériaux : au lieu
» de murs faits à chaux et à sable, en moëllons, et
» d'une solidité à toute épreuve, on les construit *en*
» *terre*. Leur durée est courte; leur dégradation
» prompte, *et leur solidité n'est point en rapport*
» *avec la charpente qu'ils soutiennent*, de manière
» que si on trouve une espèce d'économie et une com-
» pensation, elle n'est que momentanée; les répa-
» rations sont fréquentes, considérables, et l'on a fait
» un mauvais calcul ».

On trouve encore page 5 : « Avec l'emploi des » poutres, des solives, des chevrons, des lattes, des » tuiles, on est obligé *de ne charger les greniers* » qu'avec beaucoup de précaution, si l'on ne veut » courir le risque *de voir crouler tout l'édifice* ».

Comment l'auteur et l'éditeur ont-ils pu méconnoître la grande différence qui existe entre les deux genres de construction de cette nature ? La bauge qui est une terre pétrie avec la première eau, sale ou claire, et semblable à la boue, ne sauroit sans doute supporter un poids même peu considérable : En est-il de même de ce qu'on nomme *pisé*, lequel a une consistance telle qu'elle résiste aux plus grands efforts.

Mais j'ai appris, je crois, au monde entier l'art de consolider la terre : il n'est en France aucune société d'agriculture, d'auteurs, et sur-tout de membres de Conseil de départemens et d'arrondissemens, qui ignorent les instructions que j'ai fournies ; il n'existeroit donc que les corps et les personnes rappelés dans l'ouvrage de M. d'Elbenne, qui n'en auroient jamais entendu parler ? Cependant dans le même département de la Sarthe où l'auteur des nouveaux toits habite, j'ai huit concessionnaires, et trois dans le même arrondissement, savoir, un architecte à Montmirail ; un cultivateur à Bonnetable, un propriétaire à Cherperine près de Mamers où se trouve la terre de Couléon qui appartient à M. Menjot d'Elbenne, dépendante de la commune de la Chapelle de St.-Remy.

A quoi attribuer ce silence sur mon nouveau toit, et sur mon dernier procédé pour bâtir avec tant d'économie, de célérité et de consistance les murs avec la terre pure? Pourquoi dans ce récent ouvrage rappeler et vanter les productions d'autrui et oublier l'art que je professe depuis 24 années, et que j'exerce depuis 53 ans, en un mot, dès mon jeune âge, et veut-on par cette conduite faire disparoître en 1808, les sacrifices les plus extraordinaires que j'ai faits pour le bien public et pour chaque propriét ire en son particulier?

Mais si M. d'Elbenne est si étranger à l'art que j'enseigne, concernant la solidité des murs de terre, je lui dirai que le premier cours du pisé d'environ 3 pieds de hauteur, se soutient lui-même, et soutient trois autres cours, plus le plancher du premier étage; il soutient encore trois semblables cours, plus le plancher du second étage; il soutient en outre deux autres cours, plus la grosse et ancienne charpente du toit; et ce premier cours supporte tous les carrelages et toute la couverture en tuiles, plus toutes les cheminées et lavoirs en pierre de taille; tous les potagers, toutes les cloisons: il résiste encore au poids de tous les meubles, et de toutes les marchandises que les locataires entreposent dans la maison; à tous les métiers les plus forts et les plus remuans qu'ils y exercent; en un mot, le premier cours de l'ancien pisé apporté en France par les Romains, cours le plus proche du sol ou du rez-de-chaussée, supporte et soutient toutes les masses à la fois que l'on vient de décrire.

Si M. d'Elbenne ne m'en croyoit pas, je lui dirois encore que j'ai bâti en pisé, nombre d'auberges dont les greniers étoient ensuite surchargés de milliers de denrées pesantes: quantité de maisons, et entre autres une à Lyon, de trois étages dont les appartemens sont aujourd'hui même, occupés par vingt-deux familles d'ouvriers en soie, lesquelles familles ne cessant de faire jouer les battans de leurs métiers, ne laissent pas d'ébranler furieusement les murs : néanmoins depuis 1768, que j'ai construit cette maison, il ne s'est pas manifesté la moindre lézarde ou corruption.

Mais ces murs de terre ne souffrent aucun ingrédient, pas même l'eau; ainsi paille, foin, jonc ou tout autre en sont exclus, et la terre n'est point mouillée, mais seulement rafraîchie avec un aspersoir; encore le cas est rare.

Si les dégradations se multiplient avec la bauge; si avec cette terre amalgamée et pétrie comme la boue, on fait un mauvais calcul; n'en concluez pas, monsieur, qu'en solidifiant par l'art, *la terre*, il en soit de même! imaginez-vous au contraire les poutres les plus longues, les plus fortes ou pesantes; les toits recouverts de tuiles épaisses, et même de laves de pierres; figurez-vous encore les greniers remplis de grains jusqu'au faîte; qu'en résultera-t-il? Que si les planchers plioient sous ces poids énormes, *les murs de terre* ne fléchiroient pas!

Qu'avez-vous donc fait? Des calculs immenses que

contient votre ouvrage, en recherchant le poids de chaque partie de matières et matériaux, même les plus minutieux, qui entrent dans la construction des toits à la française, comparés avec le poids de tous les matériaux que vous indiquez pour vos nouvelles constructions ! Ce travail pénible, vous en conviendrez, devient infructueux : les faits que je viens d'exposer sont trop évidens pour ne pas détourner de vos assertions les personnes qui pourroient y croire et les adopter en lisant votre livre et en examinant vos gravures. Mais je dois vous rendre justice pour la forme et la construction des fours propres à la cuisson des tuiles ; et je n'ai sur ces objets que de légères observations à faire :

La première, que le toit, proprement dit, sert à terminer la construction de tout bâtiment ; la seconde, que le revêtissement du toit n'est mis en usage que pour servir en été à l'écoulement des eaux, et en hiver, à garantir ce même toit des injures quelconques. Ces deux objets sont donc distincts et séparés, et vous les confondez par le mot générique *de couvert.*

Page 8, vous prétendez que de tous les matériaux propres à la couverture des bâtimens, l'ardoise est sans contredit le meilleur, etc. L'ardoise, monsieur, ne vaut pas la tuile ; celle-ci la surpasse en bonté. L'ardoise a le grand défaut d'être rompue par la grêle. Mais passons plus loin.

Page 9, le bardeau vous semble une mauvaise couverture, et vous n'y attribuez de qualité qu'à sa légèreté. Le bardeau, selon moi, est une excellente couverture : elle est bien la plus sûre, puisqu'avec elle, on a la liberté de parcourir un toit, ce qui n'arrive point avec les ardoises et tuiles, sans y faire les plus grands dégats, en les brisant et laissant après soi nombre de gouttières, dont on ne sauroit s'apercevoir qu'à la première pluie.

Ne dites point, monsieur, du mal des couvertures en paille ; elles sont reconnues bonnes, tiennent les logemens chauds ; mais leur inflammabilité est incompatible avec la sécurité qu'on doit avoir : et si je vous disois que je puis couvrir en paille sans craindre de mettre le feu ; que ce revêtissement du toît, brûlant, le toit resteroit intact ; mais n'entrons pas aujourd'hui dans ces possibilités ; ce sera le sujet d'une autre conférence.

Page 16, *l'art du tuilier est susceptible de perfection.* Vous avez bien raison, et que n'ai-je pas déjà dit à ce sujet ? Apprenez, s'il vous plaît, que depuis les prix, que plusieurs académies m'ont décernés pour prévenir et éviter les incendies des villages, j'ai fait des expériences nombreuses, et toujours à mes frais, pour tout ce qui dépend et constitue chaque bâtiment. N'ai-je pas chez moi plusieurs modèles de tuiles que j'ai imaginés, et que j'ai fait fabriquer ? Ne connois-je pas depuis plus de 50 ans ces sortes de tuiles plattes, dont vous faites mention page 29 de votre ouvrage. Né à Lyon, je puis dire avec certitude que ces tuiles, dont parlent les membres de la société d'agriculture du département du Rhône, sont très-rares; ce ne sont que les fabricans de poterie qui en font un très-mince commerce; et vous voulez qu'on les admette aux vastes couvertures que comportent toujours les édifices! Lorsque j'ai fait moi-même, par fois, le métier de couvreur, je n'employois ces tuiles vernies qu'à de petits pavillons ou tourelles ; leur fabrication recherchée, la dépense du vernis, la nécessité absolue de faire cuire deux fois ces tuiles, empêchera que l'usage s'en introduise dans le département de la Sarthe, que vous habitez.

Il est bien plus simple d'engager à soigner la fabrication des tuiles ordinaires ; et de s'écarter de la petitesse des tuiles des fabricans de poterie de Lyon.

Puis vous observez page 58 : « Des toits bigarrés de » toutes couleurs offriroient à l'œil un spectacle aussi » singulier qu'agréable, il ne seroit pas même impos- » sible d'y tracer des lettres, des figures, etc. »

En vérité, monsieur, ce conseil est funeste ; cette bigarrure n'existe déjà que trop sur les pavillons de notre ville de Lyon. Ce sont des garçons couvreurs qui s'amusent à de pareilles fantaisies ; et la sévère architecture s'oppose à cette arlequinade. Ne vont-ils pas ces ouvriers, jusqu'à représenter avec les vernis de différentes nuances, des fleurs, des animaux, des lozanges, former un nom par des lettres majeures ? Mais le connoisseur en gémit, et préférera toujours la belle uniformité des toits, ainsi qu'on préfère, en fait de gravure, les estampes au noir à celles en couleurs, quoiqu'artistement lavées ou bien retouchées.

Finalement, page 54, vous observez que la petite charpente établie sur le cintre pour donner de l'égoût, est une sujétion gênante, que l'on ne peut éviter qu'en lui substituant une feuille de cuivre de 40 pieds (longueur de votre bâtiment) sur 11 de largeur, ce qui occasionneroit une grande dépense ; car en cuivre le plus mince, cette dépense arriveroit à 440 fr., somme qui surpasseroit de 300 fr. celle que peut coûter la petite charpente, et qui feroit monter le prix de ce couvert à 928 francs.

Mais n'y a-t-il absolument que le cuivre pour cet objet? Le plomb, le fer-blanc ou le fer battu, ne sont pas si dispendieux ; au reste, cette ressource que vous rappelez passagèrement, est inutile. Il s'agit bien en bonne construction de votre légère charpente, ni de votre cuivre, pour remplacer le revers pour l'égoût!

C'en est assez, je dois à mes souscripteurs des renseignemens ultérieurs.

SUPPLÉMENT

A L'INSTRUCTION DES TOITS,

publiée par Cointeraux.

Réunir la facilité à l'économie ; l'économie à la solidité ; la solidité à l'incombustibilité ; n'est-ce point là remplir l'objet de tous les vœux ?

Voyez fig. 1re., partie d'une cerche ou d'un cintre en bois, formant la demi-circonférence.

Fig. II, autre partie d'une cerche, formant l'arc surmonté ou ogive.

Fig. III, la même cerche en avant, et deux semblables que la perspective laisse entrevoir ; mais entre ces trois cerches apparoissent les murs qui en remplissent les intervalles.

Et voyez fig. IV, le mur, seul, sans cerches ; c'est-à-dire, partie du mur qui s'introduit dans l'intervalle qui se trouve entre deux cerches.

Rien n'est plus facile à concevoir, rien n'est plus simple ; et plus cette simplicité est grande, plus la découverte que j'ai faite est utile. Il est maintenant hors du pouvoir des malins esprits, d'altérer cette doctrine. Voyons comment chacun pour l'exécution doit s'y prendre.

D'abord, pour toutes les petites largeurs des bâtimens, les planches d'un pouce même moins d'épaisseur suffisent. Il s'agit donc de découper ces planches en longueur d'environ 3 pieds et demi, pour former le plein cintre ou la demi-circonférence, fig. 1re.; ou en longueur d'environ 4 pieds et demi, pour former l'arc surmonté ou ogive, fig. II. Ainsi, posez à terre et sur un sol uni chaque bout de planche; puis du point A, comme centre, décrivez l'arc B C : avec ce point de centre portant la distance de la moitié de la largeur de votre bâtiment, vous tracerez toutes vos planches les unes après les autres, en observant les coupes A D et A E. Ce tracé fait sur chaque bout de planches, il ne vous restera plus qu'à faire scier sur les traits.

Mais observez que de B à F, il vous faut ce bout plus long que les autres; c'est le premier et celui que je nomme *talon*, par la raison qu'en doublant les cerches, les joints ne se rencontrent pas; ensorte que l'autre bout passant par dessous de F en C, vous présente la moitié du doublage, telle que E en C.

Remarquez qu'en enfonçant les cloux, ils puissent saisir à la fois deux bouts appliqués l'un contre l'autre; voilà pourquoi j'ai marqué sur le dessin les têtes de deux paires de clous, à côté chaque joint.

Je crois bien suffisante cette instruction; ainsi tout étant bien compris, il ne me reste plus qu'à faire remarquer le brut des planches qu'on laisse par derrière, n'ayant qu'à les scier en dedans, pour former la rotondité de la maison ou du grenier qu'on se propose de bâtir par cette méthode.

Comme l'opération est la même pour faire les cerches en arc surmonté ou ogive, telle que les représente la fig. II, je me dispenserai de cette répétition, parfaitement inutile.

Je demande maintenant s'il est besoin de ces frêles et compliqués assemblages de charpente enseignés par Philibert Delorme, et que M. d'Elbenne prétend avoir perfectionnés.

N'est-il pas plus court de tracer un bout de planche, de le scier, et de s'en servir avec tous les autres bouts semblables, pour monter en très-peu de tems chaque cerche, de placer toutes ces cerches sur deux murs, de les y espacer, tel qu'on l'aperçoit en perpective, figure III? Faut-il pour ce travail un grand effort de génie? Non. C'est donc une pratique plutôt qu'une science : elle est à la portée de tous les humains.

Si c'est là une grande vérité, qu'on ne soit donc point surpris si, avec franchise, je prédis *le renouvellement de toutes les habitations de l'univers.*

Ah, certainement! tout bâtiment vieux ou neuf peut recevoir ces cerches. Les édifices de la plus vaste largeur seront construits par cette voie. Je l'ai déjà démontré, page 29, dans *la bonne et unique méthode de faire les toits,* par moi publiée en décembre 1806.

En vain voudroit-on contester : l'amour-propre sera toujours vaincu.

Mais enfin, hommes savans, considérez qu'une cerche prise et retenue dans deux murs, s'élance et va se réunir près du faîte de l'édifice, où par une simple jonction et l'arrêt d'une seule cheville, elle forme là une excellente besogne ; remarquez encore que les murs perpendiculaires G H, fig. I et II, sont de solides contreforts à l'arc B C. Voyez, fig. IV, que le bois des cerches supprimé pour la portion du mur qui s'introduit entre deux cerches, rentre dans la classe des voûtes en pure maçonnerie ; mais ne voulant souffrir en ce genre de construction, ni l'art seul des voûtes, ni l'art seul des charpentes ; il en résulte un faire nouveau qui ne tient nullement à l'un de ces genres, mais à tous deux à-la-fois ; et positivement c'est-là ce qui contrebalance les inconvéniens et produit le plus grand avantage dont l'espèce humaine puisse profiter.

Encore une fois, est-ce avec les ressources indiquées par Delorme et M. d'Elbenne, qu'avec assurance on parviendra à détruire et supprimer l'usage des grosses charpentes et de leurs fermes si embarrassantes ? C'est, il n'en faut pas douter, avec cette simplicité que j'indique. Si les architectes anciens, si les auteurs les plus fameux ont divisé et séparé les deux arts de maçonnerie et de charpente ; est-ce une raison pour nous de continuellement faire la même faute ? Je l'ai tellement sentie, cette faute, qu'aussitôt ma découverte, je me suis empressé de faire une adresse aux maçons et charpentiers, insérée dans mon cahier de la bonne et unique méthode de faire les toits, pages 31 et 32.

Allez, allez, mon procédé, vous transporter dans les contrées les plus lointaines : fournissez à toutes les entreprises : que par vous le commerce fleurisse, les arts se perfectionnent, et l'agriculture prospère.

Fin de la cinquième conférence.

A MES CONCESSIONNAIRES,

POUR MES PIERRES FACTICES,

ET A MES SOUSCRIPTEURS,

POUR MES CONFÉRENCES.

Les arts réunis de la bâtisse et de la culture ne sauroient être discutés et bien enseignés avec des discours laconiques ou en racourci; néanmoins, je me suis vu obligé de les diviser, par la crainte de trop faire dépenser aux personnes qui se contentent d'un seul de ces objets. Cette condescendance de ma part, je l'avoue, devient préjudiciable à celles qui ne se procurent que la concession des pierres factices, tout de même qu'aux autres qui souscrivent seulement à mes Conférences; et il est clair que les unes et les autres ne s'abonnant qu'à une partie de mes ouvrages, m'ôtent la faculté de les complètement satisfaire. Que chacun veuille bien considérer que l'objet de mes conférences est le point capital. Tout ce que comportent les arts réunis, est et sera inséré dans la collection de mes conférences; tout y sera rappelé, profondément examiné. Mais si on espère qu'à l'avenir on ait meilleur marché de cette collection, dont le prix, pour douze cahiers, est maintenant de 10 fr. y compris les gravures, on s'abuse: au contraire, cette souscription doublera de valeur. Au reste, ne dois-je pas être reconnoissant envers les personnes qui m'aident à faire graver et imprimer? L'on voit, par cette cinquième conférence, si elle ne dessille pas les yeux sur les toits qu'on a à entreprendre. Il en sera de même des autres parties de bâtiment, et je vais bientôt traiter les compositions des petites fermes et maisons de campagne. Je serai charmé que mes fidèles souscripteurs à mes conférences, ne dépensent que 10 fr. pour des chapitres aussi précieux; car, il faut l'avouer, je ne me propose plus de faire et de publier de cahiers séparés, mais de joindre tous les nouveaux sujets que je vais traiter en un seul corps, qui comportera une collection de douze conférences, et qui, par la suite, renfermera tout ce qui est contenu dans le tableau de mon nouveau systême de bâtir. *Ce tableau est ci-joint.*

Plus mes souscripteurs s'empresseront de me procurer de souscriptions, plus ils se serviront eux-mêmes; car je ne cesserai de travailler, et de leur faire sans cesse parvenir de mes conférences.

Nota. Quantité de propriétaires m'envoyent exprès de leurs connoissances ou amis pour souscrire;

il est plus expédient et moins coûteux de mettre l'argent au bureau de poste le plus près de leur domicile ; ils en seront plutôt servis.

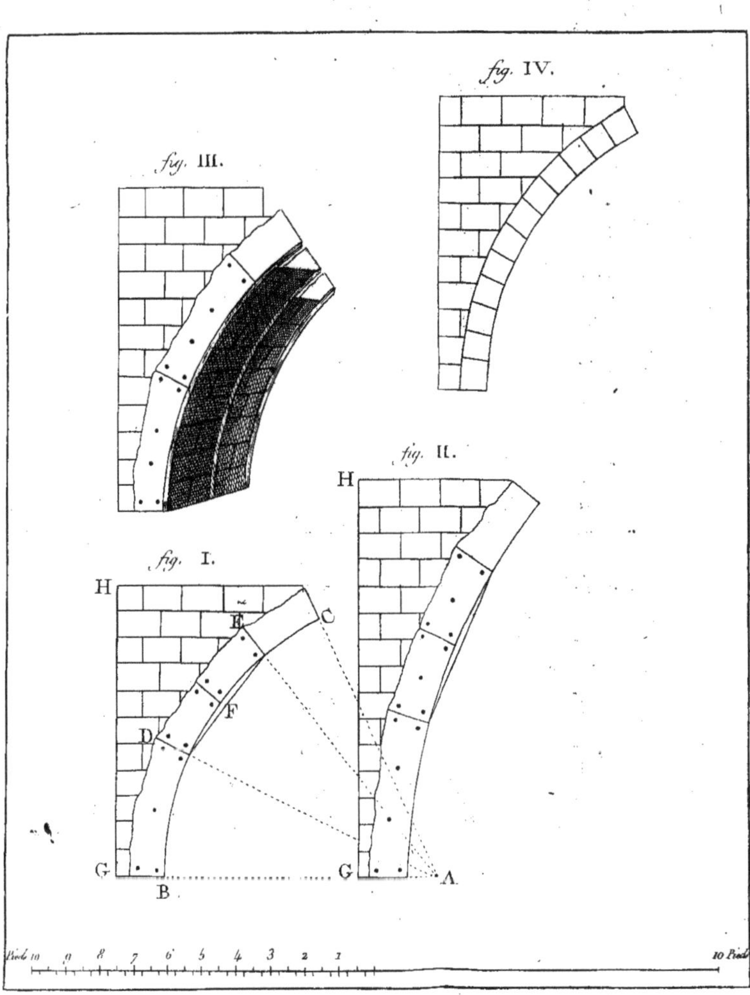
fig. IV.
fig. III.
fig. II.
H
fig. I.
H
E
C
F
D
G
B
G
A
Pieds 10 9 8 7 6 5 4 3 2 1
10 Pieds

PLAN ET PROJET

D'UN

DOMAINE COMPLET,

D'APRÈS LES RÈGLES DE L'ART ET DE LA NATURE,

Pour servir aux grandes comme aux petites Entreprises;

PAR COINTERAUX.

Sur le Cadre du Plan, sont les Signes du mouvement solaire, de la direction des Vents, du cours des Saisons; en un mot tout le Calendrier, avec lesquels on sentira mieux les effets célestes et atmosphériques sur les corps, dans le sein des appartemens, et dans l'intérieur des Écuries, Étables, Loges, Serres, Orangeries, etc.

LE PLAN EST *in-folio*, lavé; LE TEXTE *in*-8°.

A PARIS,

Chez COINTERAUX, rue Folie-Méricourt, n°. 4.

DE L'IMPRIMERIE D'ÉVERAT, RUE SAINT-SAUVEUR, N°. 41.

SEPTEMBRE 1808.

SIXIÈME CONFÉRENCE.

Septembre 1808.

LORSQUE je me dévouai à servir la patrie, je m'en sentois capable ; et j'aime à croire qu'alors on ignoroit ce talent particulier que déjà je possédois, pour prévenir le fléau des incendies et faire changer de face les constructions rurales. Puisque malgré tant d'obstacles, je puis aujourd'hui faire paroître un projet qui exige des connoissances profondes en agriculture, indépendamment de celles en architecture, il faut bien que l'on sache comment je les ai acquises.

Dès mon jeune âge, j'eus à la fois à gouverner maçons, jardiniers, laboureurs, charpentiers, vignerons, etc. Ces soins m'obligeoient à aller et venir des champs à la ville ; tantôt c'étoit pour réparer et entetenir des maisons urbaines ; tantôt pour construire en rase-campagne ; tantôt je bâtissois sur une rue ; tantôt sur une montagne, entre autres sur celle de Fourvières, qui domine Lyon, où la cherté des matériaux forçoit à y employer *le pisé*, et la rareté de l'eau *le béton*, avec lequel j'ai formé nombre de citernes et pièces d'eau.

1.

Devenu propriétaire de cette assez grande maison de campagne que, pour mon parent, j'avois régie, j'en perfectionnai les manutentions, j'améliorai ses vins, j'y cultivai quantité de fleurs ; et sans m'écarter de ce genre agricole, j'achetai une charge d'expert et arpenteur juré, ce qui m'initia davantage dans la culture des champs. Ah! sans doute, une infinité de rapports pour évaluer terres, prés, vignes et bois, devoit me rendre un cultivateur consommé ; plus que cela encore, puisque j'eus souvent des contestations de limites à régler, des carrières de charbon de terre à estimer, jusques à des chataigneraies, où viennent ces arbres qui produisent les beaux et excellens marrons de Lyon, que l'on débite à Paris ; mais enfin la simple légitime d'une sœur ou d'un frère, un fossé, un seul arbre entre voisins, m'ayant rendu le témoin et presque le coopérateur involontaire de la ruine totale des familles qui avoient le malheur d'essuyer un procès, me furent trop sensibles, pour ne pas me défaire d'un si funeste emploi ; en un mot, je revendis ma charge.

Des intérêts de famille vinrent ensuite m'accabler. Ils me portèrent jusqu'à diviser les fonds de ma maison de campagne en six parties, et sur chacune j'élevai un bâtiment *en pisé*, comme genre qui, à moi-même, coûtoit le moins ; cela fut bientôt expédié, car la même année, je vendis avec beaucoup d'avantage les unes après les autres ces six maisons neuves, avec les portions de vigne et de jardin que j'y avois jointes. Chaque acquéreur en jouit encore, au territoire de Loyasse, attenant aux murs de la ville de Lyon.

J'étois trop versé dans les travaux de la campagne, pour les abandonner et ne plus m'en occuper ; c'est ce qui fit qu'après avoir été au rang des propriétaires bourgeois, je ne dédaignai point de me rendre le fermier d'un domaine, il est vrai, considérable, comme le sont ceux qui appartenoient à des communautés religieuses. J'étois-là au comble de mes vœux, n'ayant plus rien à démêler avec des parens jaloux d'un héritage que je n'avois point recherché. Dans cette sécurité, je me livrai à cette passion dominante des améliorations ; en un mot, à diverses expériences que depuis longtems je méditois ; entre-autres à une majeure, consistant dans la division d'une vaste pièce de terre en quarante carrés, chacun d'un demi-arpent. Mon but étoit de me rendre compte du produit, frais prélevés, de tous ces carrés, en les cultivant séparément ; pour cet effet, j'avois fait ériger au pourtour d'une salle des bâtimens de cette ferme, une multiplicité de cases et tablettes, et un gros registre contenoit la date, la quantité et la qualité des plantes, graines et semences de plusieurs sortes. Ainsi quoique simple particulier, j'allois prouver, que sur quarante genres ou espèces de denrées, entretenues et cultivées dans le même fonds de terre, les uns rapportoient très-peu, les autres beaucoup ; et qu'il arrivoit que des violettes, de simples camomilles produisoient plus de bénéfice dans le même espace de terrein que le blé, etc., etc. On voit que je songeois déjà, en 1776, à obtenir en agriculture quelques bases, des principes certains; enfin j'étois en activité, tout étoit préparé, les pièces d'eau finies, les pompes posées, les ouvriers à l'ouvrage; indépendamment, pour améliorer le grand pré, j'avois imaginé un fumier préparé, et j'avois, pour ce, établi nombre de cuviers, une presse avec son gros rouleau; en outre, j'avois la satisfaction de voir chaque carême, les habitans des paroisses voisines, venir en foule, pour faire emplette de mon nouveau fumier, comme étant satisfait de l'emploi qu'ils en avoient fait les précédentes années (1).

Toutes ces choses étoient bien faites pour m'attacher à ce domaine rempli de bestiaux, lequel, d'ailleurs, avoit la réputation dans le pays, d'être *une corne d'abondance*; c'est ce qui se réalisa une année où nous ne savions que faire de tant de récoltes; les fruits de leur côté nous accabloient; il en tomboit sur le corps et la tête des personnes qui nous venoient visiter, en les blessant ou les salissant. C'étoit la providence même, que des poires de bon chrétien, sur de hauts arbres, qui en étoient surchargés, et chaque poire grosse comme les deux poings et de la plus belle couleur. Indépendamment des beurrés, et autres fruits, il se

---

(1) Je donnerai dans le cours de ces conférences, le procédé de cet excellent fumier.

formoit avec les légumes, une forte recette, et elle étoit journalière, le domaine étant à la porte de la ville ; et je me ressouviendrai toujours qu'une fille laitière, fort adroite, recevant le sol pour livre, nous vendit une saison, pour 30 écus (90 fr.) de feuilles de vignes, en les portant aux revendeuses et fruitières.

Qui jamais pourra croire que toutes ces jouissances, et le bonheur de ma famille, furent en un moment évanouis ! On vint de la part de M. l'intendant de Lyon, nous prévenir qu'il falloit lui céder la partie de ce domaine que je faisois valoir par mes mains, et positivement la même où je faisois mes expériences, et qui m'avoit tant dépensé ; c'étoit pour y établir *l'abbé Rosier*, avec une pépinière royale.

Allons, me voilà de nouveau chassé, et privé du doux plaisir de cultiver la terre. J'eus alors recours à cette économie qui m'étoit familière ; et j'osai entreprendre à la fois une continuité de boutiques, premier et deuxième étages *en pisé*, formant d'ailleurs une île de maison, et bordant deux rues à l'un des faubourgs de Lyon. Ces bâtimens au premier bail rapportèrent 10 pour cent. On ne fait pas de meilleures spéculations dans le commerce : cependant je fus constitué en plus grande dépense pour décorer les façades sur ces deux rues par ordre de la voirie ; j'essuyai des entraves etc., et malgré tout cela, je parvins à faire ce grand bien public, en donnant à l'état quantité de familles de plus, un commerce neuf à ce quartier, avec une splendeur qui faisoit connoître aux personnes arrivant de Paris, soit par la Bourgogne, soit par le Bourbonnois, que cette belle entrée annonçoit la seconde ville du royaume. M. l'intendant charmé de cet embellissement, fit placer une pyramide à la suite de mes maisons.

Appelé à Grenoble, il me fallut totalement changer de genre de bâtir, ce qui ne m'étoit point difficile, pour avoir construit dans mon jeune tems en pierres d'appareil, en moellons, en roches, en cailloux; et il étoit question d'élever, pour les religieux jacobins, un monument sur la plus belle place de cette ville, en pierre de taille jusqu'au toit, ce dont je m'acquittai en commençant par faire enfoncer des pilotis de la plus grande hauteur. Tous les habitans étoient émerveillés de cette manœuvre, et tout alloit à mon gré, lorsque des maîtres-entrepreneurs vinrent déranger tant de préparations (1) faites par des soins les plus assidus que dès le commencement j'y employai.

Ce fut alors que je prêtai, moi-même, une oreille attentive aux cris lamentables des incendiés, qui, par les journaux, retentissoient d'une extrémité de la France à l'autre; en abrégé, je dirai que le prix proposé pour éviter et prévenir les incendies dans la

---

(1) Je ferai voir en traitant de la construction, le parti le plus simple, le plus prudent que les propriétaires doivent employer à toute entreprise.

campagne, me ramena facilement, à l'exercice des constructions rurales; mais pour vouloir bien commencer, j'eus le malheur de présenter à M. l'intendant du Dauphiné, une maison incombustible, bâtie entièrement en pierres de carrière, dont on ne lui fit point un rapport favorable, (1) ainsi mon début en voulant introduire l'art incombustible, fut de me ruiner; mais ne perdant pas courage, et sûr de moi-même, j'employai *le pisé*, ce qui plut généralement: non le pisé qu'on exécutoit à Lyon, mais un autre que j'inventai, avec lequel je parvins à élever des pilastres, colonnes, piliers, jusques à en former des voûtes; et la première voûte qui au monde ait existé en pisé, a été par moi érigée en 1786, dans l'esplanade, près la porte de France de la ville de Grenoble. Cette voûte existe encore.

Telle est l'origine des pierres ou moëllons factices, qu'alors je faisois fabriquer au moyen de la pression manuelle, et qu'en 1806 j'ai convertie en pression instrumentale.

J'ai donc mis en vogue les voûtes uniquement faites avec la terre; elles font maintenant partie des sciences utiles. Celle que je construisis à Paris, fit l'admiration générale; et ce fut alors que mon goût pour l'agriculture, me fit prendre à ferme le grand

---

(1) Je prouverai dans le cours de cet ouvrage, que les murs en pierres sont une économie dans les bâtimens, selon les cas et circonstances.

champ qui limite les Champs-Elysées, et la grande avenue des Tuileries jusqu'à Chaillot. Y faisant labourer, j'avois donc encore, sous ma main, cultivateurs et maçons, puisque mon *école d'architecture rurale*, se trouvoit tout à côté dans l'ancien Colysée de Paris; mais pour ce labourage, je fus mis en prison. Les patriotes assemblés, jugeant la nécessité de se nourrir, me relâchèrent.

Il est évident que ce n'est que la présomption qui, par fois, m'a tant accablé, puisque pour servir efficacement les humains, j'ai sacrifié bien, repos et mon vrai état d'architecte; et plus je m'abaissois à enseigner des méthodes faciles, simples, je veux triviales, plus on en a profité pour me reléguer dans la classe des artisans, des maçons, des piseurs.

Je demande, d'après ce récit, si une personne comme moi, qui auroit toute sa vie bâti et cultivé, et de toutes les manières, ne se trouve pas enfin en état de présenter quelques idées neuves, et s'il n'est pas intéressant qu'il produise divers plans et projets de domaine, de ferme, de grandes et petites maisons à ériger dans la campagne. Non! non! je ne laisserai point perdre tant de recherches; mon zèle et mon courage me secondent encore. Eh! n'ai-je pas d'ailleurs pour soutiens mes chers souscripteurs à ces conférences.

PROJET D'UN DOMAINE.

Je devois regarder le projet d'un domaine comme une chose bien facile d'après ma longue expérience, et l'habitude de nous autres architectes à faire les plans. Avec cette assurance, je me mis à dessiner, et pour ne rien omettre, j'avois à côté de moi le tableau *de mon nouveau systême sur les bâtimens et cultures ;* mais quelle fut ma surprise aux premiers coups de crayon de me voir arrêté! On sait que sur tous les plans, il est d'usage d'écrire les noms des quatre points cardinaux ; même on y dessine très-souvent la forme de la boussole. Eh! que m'importoient ces moyens usagers et impuissans pour me faire concevoir et sentir d'avance les divers effets de la lumière céleste, et me rappeler les lois constantes de la nature, afin de diriger et rectifier mes idées! Oh! combien en cet instant, je reconnus ma foiblesse et la nécessité de redevenir écolier : allons, j'étudiai et recommençai vingt fois mon projet ; ce ne fut que par le travail le plus opiniâtre que je suis parvenu à détruire cette antique routine dans les plans, en y substituant aux noms isolés d'orient, de midi, d'occident et nord, un cadre ou une bordure toujours analogue au sujet que l'on traite.

On voit en effet que je fais figurer en ce cadre le mouvement diurne et nocturne du soleil, ensemble les équinoxes et solstices, conséquemment les saisons, les mois, les heures, et si l'on veut les minutes, plus, les levers et les couchers de l'astre au 21e. jour des douze signes du zodiaque, enfin les points cardinaux, avec la direction des seize vents qui règnent sur la terre.

J'étois trop en joie de cette heureuse application pour ne point m'en assurer; je m'empressai donc de consulter *M. Rondelet*, mon ancien compagnon d'étude, maintenant *architecte du Panthéon*. Après qu'il eut examiné le plan et son cadre, il trouva que les fictions que je rapportois sur le papier, étoient justes et admissibles, autant que peuvent l'être celles qu'on emploie pour la confection de toutes les sphères.

Je doute si jamais on eut pu perfectionner les habitations de la campagne, sans ces premières données; et moi-même, je n'aurois pu produire ce plan d'un genre neuf, si je n'eusse pas eu à tout instant devant moi ces signes, traits et figures dont les directions atteignent jusqu'au moindre objet que j'ai eu à traiter. Ainsi j'ai rendu un grand service aux dessinateurs, et je me félicite d'en avoir fait profiter les propriétaires qui me sauront gré de leur avoir donné les moyens de raisonner les plans et projets qu'on leur présentera, et de juger, par eux-mêmes, au moyen *de mon cadre calendrier,* si les maisons, jardins, granges, écuries, jusqu'à la moindre maisonnette, pêchent contre les règles de l'art et de la nature.

Bases et Conditions sur lesquelles ce Projet est établi.

On suppose les fonds de ce domaine situés depuis le 45e jusqu'au 55e. degrés de latitude; le sol de l'habitation personnelle plat, uni et presque sans pente; la culture en près, terres, vignes et bois, indépendamment des petites recoltes; et cet immeuble appartenir à une famille ayant l'habitude de la campagne.

On suppose cinq personnes composant cette famille : le père et la mère ; leur fils et leur demoiselle avec le grand-père maternel : le maître à l'âge de 36 années, faisant valoir par ses mains, les prés, les vignes, les jardins, chénevières, et gouvernant la bergerie : la maîtresse moins âgée, surveillant la basse-cour, et ayant pour partage avec sa cuisinière, outre son ménage, la nouriture à fournir à deux vignerons, à un jardinier, ainsi qu'à un berger.

D'autre part, un maître valet à la fleur de l'âge, et robuste, occupant avec lui, deux laboureurs ou voituriers ; les nourrissant ainsi que sa famille, composée de sa femme, de deux filles, et d'un fils : la mère et la grande fille ayant tous les détails des basse-cours ; le petit enfant et sa sœur menant paître au bois les dindons, les oies et jeunes cochons.

Plus, un soldat invalide pour servir de portier sur l'avenue et à l entrée de l'habitation, vivant avec sa compagne d'une pension de l'état après un long service, et au moyen de quelques petits profits et avantages que je désignerai.

On suppose enfin ce domaine garni de six chevaux et bœufs, de six vaches, de truies, de cochons, de chevres, de deux étalons, deux taureaux, un verrat, un bouc, poules, canards, oies et dindons ; mais sans lapins ni pigeons.

REMARQUE.

Il est de l'intérêt de mes souscripteurs que je commence par parler de ce domaine, comme s'il étoit en pleine activité ; ses bâtimens parachevés, l'enclos terminé, les meubles, outils et ustensiles faits ; c'est je pense le vrai moyen de familiariser le lecteur avec tout ce qui constitue cette propriété, et de l'habituer aux termes propres des choses, outils et animaux qui pourroient lui paroître étrangers ; mais après cette description, la plus détaillée, je me fais fort de bien enseigner, en supposant que le chef de famille cherche à bâtir sur ses terres, les mêmes édifices et enclos désignés au plan ci annexé. L'on voit combien cette seconde partie va devenir intéressante, puisque je vais reprendre cette entreprise sur un terrein nu, la suivre avec le lecteur pas à pas; ayant sous nos yeux le tableau de mon nouveau systême de bâtir, entrant, à fur et mesure que certains articles, avec l'occasion, se présenteront dans ces sortes de moyens, finesses ou ressources que ma longue expérience m'a suggérés; m'arrêtant sur toutes les économies à faire; et prouvant par tout calcul, toisé, devis, combien importoit *mon école d'architecture rurale*.

De quelques Idées dont on doit se pénétrer, en composant le Plan d'un Domaine.

Recherchez au milieu de ce plan la lettre O, et au milieu de cet O un point presqu'imperceptible, qui vous apparoît. Eh bien! ce point est comparativement plus gros que la terre, ce dont vous vous assurerez en considérant que la très-petite surface de ce point, eu égard à celle qu'occupe le papier de mon plan, ne souffre pas de comparaison avec la surface du globe, eu égard encore à l'immense étendue qu'embrasse l'univers, où flottent et roulent les astres et planettes; ensorte que si la terre a vingt millions de toises ou doubles mètres en circonférence, le point en O en représente infiniment plus.

Il est certain que les bornes du plus grand papier, ou avec la plus petite échelle possible on auroit dessiné le plan d'un domaine, ne sauroit jamais être en rapport avec une dimension de six millions de toises que contiendroit en diamètre ce même point. Néanmoins pour projeter régulièrement, il faudroit avec un si petit signe figurant tout le globe, en extraire l'une des quatre parties du monde, en choisissant celle où existe l'habitation, plus le pays que cette partie recèle; et le canton dépendant de ce pays; enfin le local positif qu'occupe le domaine dans ce canton;

mais si seulement on rapporte sur le papier la figure de ce domaine, toute illusion disparoit ; on n'a plus alors dans l'imagination la stricte règle qui s'y étoit établie ; ainsi, comme pour la sphère, il faut que l'esprit y supplée ; j'ai donc au-dessous de la lettre O tracé le plan B, pour l'habitation des maîtres ; puis m'étant permis cette liberté, sans abandonner le principe, j'ai figuré toutes les dépendances de cette habitation dans le reste de l'espace que renferme le cadre ou la bordure de ce dessin, néanmoins en rapportant toujours à ce point dans l'O, la figure de la terre, et en diminutif de la France, du département, du canton, enfin du local même du domaine, et en me représentant sans cesse la distance énorme du soleil et ses rayons divergens qui viennent frapper en O, où se trouve tracée la ligne écliptique P Q ; j'ai par là, je crois, rempli l'objet dont il s'agit.

De la Composition des Plans en rase-campagne.

A l'une des latitudes que j'ai désignées, on doit en toute entreprise offrir à l'astre bienfaisant, le plus d'ouverture possible, pour que ses rayons viennent au sein des habitations y tout vivifier.

Cette proposition mériteroit d'être plus longuement éclaircie ; mais pour l'instant je dis que les figures les plus avantageuses, en ce qui concerne les quadrilatères, sont les rectangles, par la raison qu'un de leurs longs côtés procure plus d'étendue, tandis que les petits par leur peu de profondeur, semblent offrir au soleil les objets, et les lui présenter de plus près.

Mais enfin, en architecture, n'employera-t-on jamais que les formes monotones, même désagréables, telles que le sont les angulaires. Ah ! voyez que la nature s'y oppose. Tous les arbres et animaux ne les ont-ils pas arrondies, belles et gracieuses, pourquoi donc ne pas se vaincre. Heureusement qu'il n'y a pas ici à balancer pour le choix, puisque les ouvertures d'angles en dehors, c'est-à-dire, du côté du Nord, sont trop dures pour ne point remplacer les pointes angulaires par de jolis contours ou adoucissemens.

J'ai déjà fait sentir en 1792, que les ouvertures d'angles auroient dû servir de règle fondamentale à tous les projets qui tendent à obtenir du soleil le plus de chaleur possible; et puisque la loi suprême de la nature vous commande, propriétaires, de faire usage pour vos enclos de lignes circulaires, mixtes, sinueuses et toutes autres charmantes, je vous mettrai bientôt sous les yeux plusieurs plans de ma composition (1).

Application des Principes précédens, à la formation du Domaine ci-devant proposé et décrit.

L'enclos de ce domaine est, comme on l'apperçoit au plan, un vaste rectangle, dont le grand côté de Z à ET, exposé au midi, se trouve, pour ainsi dire, ouvert au beau ciel, conséquemment aux rayons lumineux, au moyen d'un bas mur, tel que celui d'une terrasse; terrasse régnant dans toute cette étendue désignée par Z, ET; mais l'espace de l'enclos est pour tous les autres côtés, renfermé par un mur d'enceinte, suffisamment élevé au-dessus du sol, pour la sûreté ainsi que pour, en quelque manière, servir d'obstacle aux intempéries, savoir : à l'Orient par U, X et Z, à

---

(1) Je me suis d'année en année proposé de faire graver différens plans pour les bourgeois et habitans. Aussitôt après avoir rempli l'objet qui présentement nous occupe, je fais successivement paroître ces nouvelles compositions, dont le genre, certes, doit être connu pendant mon existence.

l'Occident par V, Y et ET, et au Nord seulement par U, V; indépendamment, un autre mur d'enceinte de moyenne hauteur, divise la cour des maîtres d'avec les cours de l'exploitation, connues sous le nom de *basse-cour*, le mur extrêmement sinueux fait le pourtour, et vient se terminer sur la terrasse, en produisant, par la même sinuosité, deux pièces d'utilité, comme on le reconnoîtra, ces pièces côtées 53 et 56.

Distribution des Masses et Dégagemens.

A. L'avenue où est le portail, et à ses côtés, deux portes passagères.

B. Les appartemens des maîtres.

C. L'étable, l'écurie et ses dépendances.

D. Le logement du maître-valet et de sa famille.

E. La bergerie et toutes ses dépendances.

F. Le séchoir ou la halle du domaine.

G. Le jardin et ses dépendances.

HHH. La terrasse.

I I. La basse-cour pour les animaux hongres et femelles.

K K. La basse-cour pour les animaux mâles, et où l'on tient la volaille.

L L. La sortie de l'enclos, mais seulement réservée aux troupeaux de brebis, agneaux et moutons, ainsi que pour leur rentrée.

M. Le préau pour ces animaux, lorsqu'ils sont malades, et pour les agneaux nouvellement nés, à l'effet d'y pouvoir sauter, gambader, y étendre à l'aise et sans la moindre frayeur, leurs petits membres.

N. Cette place est réservée pour une petite fabrique de terres cuites, dont j'expliquerai l'usage et le bénéfice.

O. Le point central, soit du monde, soit du papier sur lequel ce plan est fait.

Ah! qu'il m'a fallu travailler et tâtonner pour mettre en leur véritable place ces masses ou principales parties de ce domaine. Un raisonnement me sembloit bon, mais un second l'avoit bientôt détruit ; ainsi des uns aux autres, au point que j'effaçois le lendemain tout ce que j'avois tracé la veille. Ce long travail ne sauroit point ici se montrer, comme n'ayant retranché du côté septentrional que les deux angles. Voyez celui U, XV et X supprimé par la courbe U, X et l'autre V, XV et Y également suprimé au moyen d'une semblable courbe V Y ; pour connoître la cause de ces suppressions je dois les détails suivans :

Si sur la ligne UV, en la prolongeant jusqu'en XV, j'eusse placé les corps de bâtiment C et D ; dès-lors les plus funestes vents les auroient atteints. Pour s'en assurer, la bordure de mon plan va efficacement le faire connoître.

D'abord le vent nord-est et ses deux voisins, le vent nord-ouest et ses deux voisins, auroient battu les flancs de ces logemens et écuries d'une furieuse manière, pendant que de leurs côtés le froid excessif et les brûlantes chaleurs se seroient introduits dans tous les recoins de ces bâtimens ; dès-lors ni en hiver ni en été on n'auroit pu les habiter sans souffrir cruellement ; nul milieu, aucune modération, et c'est là, qu'on n'en doute point, ces deux extrêmes qui nuisent. Oui, je le dénonce aux propriétaires et fermiers ! on érige des fermes et des basses-cours, sans nulle attention, abandonnant les façades dans la position ou le hasard les fait dessiner sur un plan. Si les ouvertures, telles que portes, fenêtres et portails se trouvent exposés au nord, ou bien, ce qui est pis, au nord-ouest ; on vous y bâtira ce qui doit être sous le foyer de lumière et de chaleur. C'est l'ancien ordre des plans ; la régularité de la basse-cour, l'aile gauche ou l'aile droite qui dispose de tout, et non le soleil.

Ah ! je ne crains point de le dire ; la science et la pratique des bâtimens ne suffisent point : c'est leur réunion intime aux lois constantes et régulières de la nature qui, seule, doit conduire à la perfection.

Ainsi commençant à entrer dans cette voie ; je vous dirai, lecteur, de jeter les yeux sur cette ligne du nord-ouest qui de l'autre côté va atteindre sud-est, passant par le centre du monde en O : Eh, bien ! par un retour d'équerre sur cette direction, j'ai établi les deux facades ou les deux pignons du bâtiment C. On sent qu'en cette position l'étable et l'écurie se trouvoient moins exposées ; mais le pignon septentrional l'étoit plus que précédemment, comme étant là à l'opposiste du nord-ouest : et généralement l'on sait que de tous les vents c'est le plus dangereux. Ce vent a toujours été remarqué : les cultivateurs du continent le distinguent par le nom de *traverse* ; ceux des pays chauds par celui de *maestro* ; mais il y a long-tems que je médite de préserver les constructions des ravages de ce vent. Puisque j'en ai présentement l'occasion, je dois dire que j'ai fait passer par derrière du bâtiment C, et à une assez grande distance, la ligne b, c ; ce qui m'a fourni trois espaces 7, 8 et 9 ; puis en tirant sur cette ligne à gauche et en retour une seconde ligne b, a ; et à droite, et encore en retour une troisième ligne c, d. j'ai obtenu, comme l'on voit, une espèce de revêtissement ou d'emboîture à l'étable et à l'écurie.

Il ne me restoit plus, pour confiner la basse-cour I, I, que de profiter de cette ressource contre le vent le plus froid de tous en raison de son humidité, tel que celui qui part du nord-ouest ou quelquefois à droite ou quelquefois à gauche ; je me suis en conséquence servi du point du centre commun O pour avoir la courbe V, Y.

Il résulte de cette conception, qu'indépendamment de 3 petites écuries 7, 8 et 9 ; je gagne encore deux places 10 et 11 ; l'une pour un objet bien utile, tel que celui qu'on nomme *travail* ; lequel sert à panser et à ferrer les animaux ; l'autre pour un escalier, dont le dessous comme le dessus rendent aux ménagères de ces petits services qu'elles chérissent tant.

Le mur a, b, c, d, sert donc de manteau au bâtiment C ; cela est si vrai que les épaules des murs a et d, supportent la couverture qui s'étend jusqu'à eux. De-là deux petits réduits de plus au moyen d'un plancher. Mais laissous-là ces petits avantages pour ne pas perdre l'objet important de la croupe du toit, je veux dire, de l'abaissement du toit derrière l'étable et l'écurie.

Cette croupe, donc, déjoue les plus fiers ouragans : elle en divise au moins les dangereux effets, car la pluie, la neige, la grèle, tous les vents déchainés ne viennent plus atteindre un large et haut pignon, tel que celui du bâtiment C; non, non ! tous ces écarts de la nature échouent et se brisent sur un plan incliné, tel que celui d'une croupe ; et les givres et frimats convertis enfin en liquides, coulent, sans toucher les murs, sur la pente ; voilà tous les dégats, aussitôt leur naissance, mourants au pied du mur a, b, c, d.

J'aurois bien dû ici suspendre la description de mon plan pour parler des maisons, des écuries, des granges laissées avec leur absolue nudité dans les champs, et ainsi exposées à toutes les dégradations des mauvais vents et orages dont j'ai parlé; mais en traitant des constructions rurales, tant pour l'agrément que pour l'utilité, je reprendrai cette discussion qu'aucun auteur n'a entrepris, soit en France, soit en pays étrangers.

On distinguera maintenant, je l'espère, deux côtés différens; le devant de la maison, et le derrière de la maison ; et je ferai voir l'urgence de lui fournir un manteau, telle qu'une personne en s'en revêtissant, brave les injures des saisons.

Je n'irai point ici répéter pour le bâtiment D, les détails où je viens d'entrer, puisqu'ils sont les mêmes, à quelque chose près; car le manteau a, b, c, d, pour le logement du maître-valet, est également nécessaire, et procure des commodités d'une grande valeur. Il en sera bientôt parlé.

J'avois bien prévu que le logement des moutons ne pouvoit mieux être qu'en E : il est là au soleil levant, puisque vis-àvis, il n'existe qu'un mur de clôture très-peu élevé ; et néanmoins ce

PLAN d'un Domaine complet d'après les régles de l'art et de la nature, pour servir de modèle aux grandes comm'aux petites entreprises.

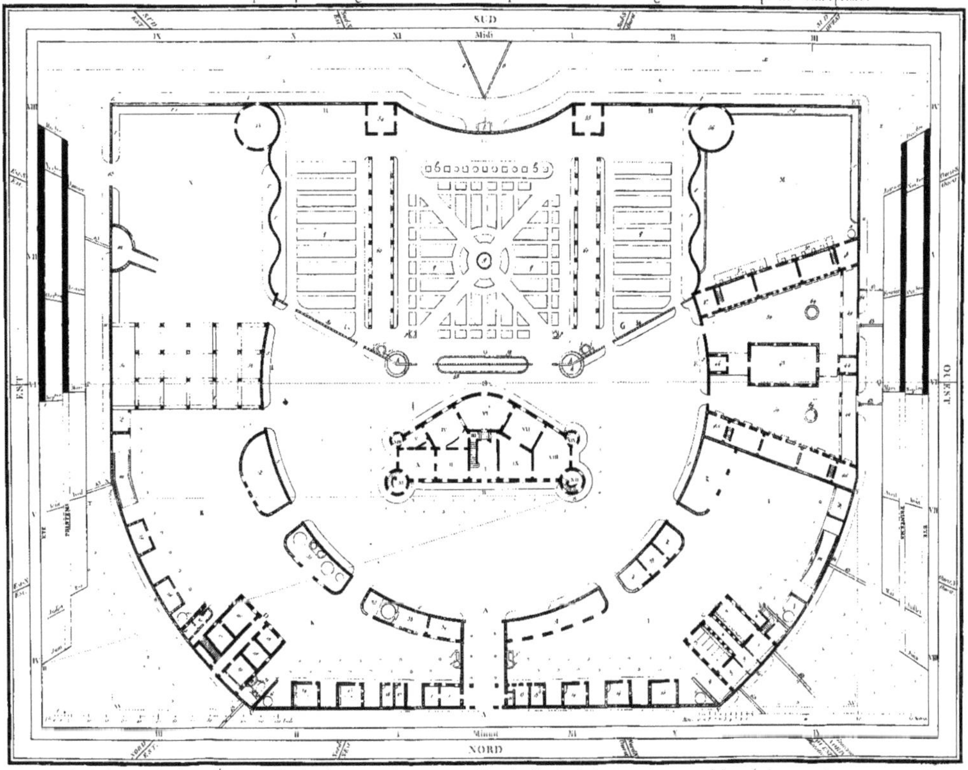

Avec un pareil Cadre à chaque Plan, l'on connaîtra d'avance les effets Célestes et atmosphériques qui se manifestent dans l'intérieur des Appartemens, Basse-cours, de la moindre Loge. Composé par COINTERAUX, et Publié en [illegible]

logement se trouve garanti des ardeurs du midi par la hauteur de son aile gauche, côtée 47 et 48 ; il est encore à couvert des brûlantes chaleurs de la soirée par le hangar 49, opposé au couchant. Mais l'espèce de trapèze ou de triangle tronqué qui fait que cette bergerie va en s'élargissant du côté que le soleil termine son cours, permet cependant à l'air froid de s'introduire dans son sein ; de manière qu'il en résulte un combat alternatif de calorique et de fraicheur ; point milieu et chéri des moutons ; tous les extrêmes leur étant nuisibles.

Eh ! n'ai-je pas dû consacrer pour la fabrication des denrées l'emplacement F ? C'est-là le séchoir ou la halle indispensable à chaque domaine. Si depuis que j'ai reconnu cette grande utilité, on ne l'a pas mis en exécution, c'est que la plupart des propriétaires en ont craint la dépense, comme si elle étoit considérable, ne s'agissant que de piliers fabriqués avec la terre seule, ou de cerches construites avec des planches tout simplement ; l'une et l'autre méthode d'une solidité satisfaisante, pour recevoir des branches d'arbres ; et ces branches quoique brutes, recevoir elles-mêmes une bonne couverture en paille.

Eh ! quelle est donc cette inhabilité humaine pour ne point concevoir qu'on a égalment besoin d'une halle d'étendue proportionnée à son exploitation, comme on a besoin de plus vastes pour les foires et marchés ? Les fruits de la terre ne méritent donc pas qu'on les ménage et qu'on les conserve ? Mais j'en ai été moi-même la victime pour avoir perdu une année, pour mille écus de foin qui a péri sur place, par une pluie que ne prenoit point de fin ; et lorsque j'ai prevenu les propriétaires d'éviter de pareilles pertes et accidens ; lorsque, comme agriculteur et constructeur, je leur assure qu'il est facile d'ériger dans leur domaine de ces halles ou séchoirs, on cherchera peut-être encore à éluder et à retarder tant qu'on pourra l'exécution d'un objet si utile ; mais je vaincrai ; la vérité est là.

Le jardin G est séparé de la grande cour par un treillage 59; il m'eut été facile, sans doute, de dessiner un jardin avec des sentiers tortueux ; mais non ! tout est ici consacré à l'utile : il ne faut pas qu'un pouce de terre soit perdu, au contraire, que tout rapporte : si ce ne sont pas des végétaux, ce sont des animaux ; si ce ne sont pas des animaux, ce sont des matières ou matériaux, de petites fabriques ; en abrégé tout ce qui devient commercable par la force de la végétation et la main industrielle de l'homme.

Tel est l'ensemble de ce domaine : telles sont les dispositions principales, ainsi que les avantages qu'elles offrent.

Je dois maintenant passer aux détails.

Description genérale et détaillée de tous les objets de ce Domaine.

Appartemens du Maître dans le bâtiment B.

La forme de cette maison, à des yeux habitués à voir et à n'estimer que ce qui est d'imitation, paroîtra inadmissible ; mais je prie le lecteur de ne point d'avance se laisser prévenir et d'attendre que je m'explique.

Par des considérations trop longues a déduire, je dirai seulement que j'observe depuis quelques années le soleil ; et le vois se lever sur l'horison à une large distance du point de son départ au solstice d'été, au point où il se rend au solstice d'hiver. Cet examen m'a fait remarquer des faces de maisons privées de cette bienfaisante lumière, si ce n'est pendant quelques uns des plus longs jours de l'année, ensorte que ces jours diminuant insensiblement, le soleil ne luit bientôt plus sur ces façades. Pour mieux faire saisir cette progression cessante de l'astre, j'ai tracé sur le plan le triangle R S T, qui prouve qu une façade exposée directement au nord, telle que celle-ci du bâtiment B, ne jouit des rayons lumineux que dans les mois de juin, juillet et août, savoir : au 21 juin pendant environ une heure, soit le matin soit le soir, et de moins en moins, jusqu'à ce que le soleil parvenu au 21 du mois de juillet, il puisse encore éclairer cette façade pendant environ une demi-heure ; mais quand la fin de ce mois approche, il ne lance plus ses feux que pendant quelques minutes, ensuite un instant, et termine en août par ne plus l'éclairer.

Il n'en est pas de même des façades à l'opposite du midi ; celles-ci ont douze heures pleines et entières de soleil, à compter du solstice d'été à l'équinoxe de l'automne, désignée sur le plan par la ligne écliptique P Q ; mais l'astre parvenu à cette ligne ne sauroit plus éclairer ces façades au midi que de moins en moins jusqu'au solstice d'hiver, et de plus en plus à son retour à l'équinoxe du printems.

Ainsi lors des plus petits jours, et positivement lorsque les appartemens, les écuries et étables en auroient le plus besoin, le soleil les échauffe moins de tems ; voilà ce qui m'a déterminé à rompre la continuité en ligne droite de ces façades, et en faire, comme on l'apperçoit au plan, deux portions, sans néanmoins perdre cette continuité. On y trouve l'avantage qu'aux équinoxes par exemple, le soleil n'attend point dans sa course d'être parvenu sur la ligne équinoxiale P Q, pour étaler ses rayons sur la face qui déjà est tournée à l'orient, et le soir qui se présente si bien à l'occident ; car à tous les édifices, il faut nécessairement que le soleil ait atteint la ligne écliptique, la même qui sert à la direction de leurs façades, pour commencer à les frapper de sa clarté. Indépendamment, l'astre soit en autômne, soit en hiver frappe plus fortement sur des façades biaisant, telles que celles de mon plan, puisqu'elles reçoivent ses rayons à angles droits.

Maintenant trouvera-t-on mauvais que j'aie saisi et profité de lignes obliques, partant de R en O, pour en former l'alignement des deux moitiés de façade, chacune se prêtant pour profiter des douces influences de l'astre : et que l'on fasse attention à seize heures de jouissance au lieu de douze, dont par ce moyen j'éclaire et j'échauffe les familles et leurs animaux en leurs demeures; que l'on remarque qu'ayant raccordé par une courbe gracieuse, les deux moitiés de façade en supprimant le vilain angle qui s'étendoit jusqu'en O, j'ai procuré au rez-de-chaussée le plus beau salon VI, et le plus satisfaisant qu'il y ait jamais eu; et au premier étage ce salon est encore plus magnifique par un balcon enchanteur qui en dehors en fait le contour, puisqu'à ses extrémités, on a le spectacle ravissant du soleil dès qu'il apparoît sur la terre. On peut le saluer encore, de ce balcon, lorsque sa lumière radieuse va se perdre dans les ombres de la nuit; je dis plus encore et soutiens que cette disposition va jusqu'à épargner sur la dépense de la construction, ce que je ferai connoître en en traitant.

En poursuivant la description et la distribution intérieure du bâtiment B, l'on voit qu'en entrant dans le vestibule I, on y trouve le grand escalier, le seul qui conduit à la cime de la maison, car les deux autres que l'on apperçoit dans les tours XI et XII ne sont que des escaliers dérobés communiquant au premier étage. A côté de ce vestibule est une antichambre II, la résidence habituelle de la maîtresse du domaine, d'où elle veille à toutes les affaires, aidée de son père et de ses enfans qui la remplacent en cette pièce, lorsqu'elle est obligée de s'en absenter; car toute personne, chaque voiture entrant par l'avenue A, ou en ressortant, se trouve sous l'œil vigilant qui est là, dans cette antichambre; et cet œil s'étend encore sur la table des domestiques qui y est placée; table sur laquelle rien n'est servi qu'en présence de la maîtresse, dont la politique est de lier familièrement la conversation avec ces travailleurs venant prendre leurs repas, pour toujours être au courant des travaux, engager à bien faire, réprimer quelques négligences. C'est le sacrifice de cette pièce que j'ai tant recommandé dans ma ferme qui a remporté le prix à la Société d'Agriculture de Paris, le 28 décembre 1789. Lisez à la page 21 de la troisième édition de cet ouvrage. Enfin cette antichambre, ou commun à l'usage des domestiques, est munie d'armoires, de buffets; ainsi les comestibles avec le linge sont sous les yeux de la dame du logis; mais pour qu'aucun objet n'embarrasse cette pièce, elle veut que les ouvriers, avant de prendre leurs repas, déposent dans le vestibule leurs outils et les restes de semences qu'ils rapportent des champs. Le vestibule étant donc une décharge, tout est, commel'on voit dans l'ordre.

De cette antichambre on communique à la salle à manger IV au cabinet V servant encore à la maîtresse de lieu de repos, et à la cuisine X; une porte III sous la seconde rampe de l'escalier sert de dégagement; le salon VI sous cette même rampe à une porte à deux vantaux.

Mais on va être surpris que tout à côté d'un salon, j'ai établi des cuves; c'est-à-dire, la pièce qu'on nomme *vinée*, cotée VII, et qu'à la suite la vaste pièce VIII soit destinée pour le pressoir, sur quoi, je m'en rapporte aux cultivateurs sensés, toujours préférant une grange remplie de blé, un cellier plein de vin, un grenier garni de fourrages, à une salle décorée, et ou de superbes meubles montrent une grande et vaine magnificence. C'eut donc été en cette pièce VII une salle de jeu, en l'autre VIII, une chambre de parade, un boudoir; et ces appartemens de parade, s'il en est besoin, ne les possède-t-on pas en campagne au premier étage? Ah! certainement, le maître et sa digne compagne sont trop raisonnables pour ne point se contenter des pièces d'agrément que je leur ai destinées au rez-de-chaussée, soit à l'orient soit au midi; au fait quand il s'agit d'exploitation, on doit être plus porté à l'utile qu'à la parure. Par toutes ces considérations, j'ai encore sacrifié, si toutes fois, c'est un sacrifice, la pièce IX, aux plaisirs de la domesticité; c'est une grande salle particulière, aussi par moi recommandée dans ma ferme que je viens de citer, et dont on trouvera l'explication pag. 22 et 23. Cette salle pour contenir beaucoup plus de personnes que dans le commun II, servira avec succès à chaque moisson, lors des vendanges, à toutes les récoltes, et sur-tout pour les fêtes des pâtrons du maître et de la maîtresse que méditent annuellement de vrais et fidèles domestiques, ce qui les lie davantage et leur fait mieux aimer les personnes qui leur font du bien; et je me vois forcé de le répéter, cette pièce IX sert à la réunion de tous les travailleurs dans les soirées d'hiver, chacun en cassant les noix, en teillant le chanvre, conte son histoire : les uns chantent, les autres folâtrent, rient; et la maîtresse n'appréhende point de se familiariser, en présidant ces assemblées. Je me suis trouvé dans des maisons de campagne où les dames se faisoient un devoir et un plaisir de se rendre avec exactitude à ces sortes de de veillées qui leur attirent l'affection de tous leurs serviteurs.

Qu'on ne soit point également étonné si la pièce VIII dans l'habitation même du maître, reçoit ce gros meuble, tel qu'est celui d'un pressoir, pour être classé dans le rang des propriétés immobilières! ce pressoir sert là non seulement lors des vendanges, mais dans tout le courant de l'année. Heureuse application que j'ai faite pour servir à la fois à l'agriculture et à l'art de bâtir : invention qui rendra un signalé service aux propriétaires dont les maisons ou les fermes sont munies de pressoir : avec lui dans tous les tems morts pour l'agriculture, le maître pourra employer ses gens à s'approvisionner de moëllons ou pierres factices; car la pièce VIII, comme l'on voit, est assez vaste pour recevoir la terre à fabriquer, conséquemment beaucoup de ces moëllons : mais outre les gros pour les grands bâtimens, les ouvriers et domestiques de la maison, sans nulle connoissance dans l'art de bâtir, en feront de si jolis, par leur petitesse, et de toutes formes et figures, que c'est véritablement un trésor pour tous ceux qui à l'avenir bâtiront; ce n'est point ici le cas d'en dire davantage, j'expliquerai plus amplement cette espèce de phénomène en enseignant la construction, surtout pour celle qui va concerner les basse-cours (1).

---

(1) On a vu dans la première conférence, cette intéressante machine,

Maintenant, poursuivons et examinons le service que peut rendre le bâtiment B. Le soleil, en été, se lève, et à l'instant introduit ses rayons dans la salle à manger IV : certainement il l'échaufferoit trop, si en tournant pour darder l'autre facade à l'occident, il ne mettoit point dans l'ombre cette salle à manger ; mais positivement c'est là l'heure du repas principal, le dîner, conséquemment celle où la famille et ses convives ont le plus besoin de repos et de rencontrer de la fraicheur. En hiver, le salon devient très-salutaire par sa position qui reçoit la chaleur du matin, du midi et du soir. En automne, la vinée VII, et précisément c'est à cette époque où les cuves pleines ont grand besoin d'être entretenues chaudement pour augmenter la fermentation du moût de raisins, la vinée, dis-je, ne cesse de recevoir les rayons solaires jusqu'à la nuit. Enfin, au printems, où les fraicheurs se font encore sentir, et qui incommoderoient la maîtresse dans la pièce II comme étant directement au nord, le feu de la cuisine y supplée ; mais en campagne, on y est assez peu intelligent, lorsque l'été arrive, pour laisser l'ouverture derrière la plaque de la cheminée, tandis qu'avec des débris de tuiles ou de briques, et un peu de mortier de terre, on s'exempte de cette incommodité.

Sur le tout, j'observerai qu'une succession de lumière et d'ombre pour les logemens exposés au midi, est l'ame du bien être, et qu'ainsi des appartemens tels que ceux que je signale, y feront passer, aux personnes qui les habiteront, la plus douce vie ; avec d'autant plus de raison que la facade du matin, positivement la même destinée au séjour des maîtres, se trouve totalement garantie des vents terribles de l'ouest, et à couvert de la bise. Oui !

---

nommée *Crécize*, si utile à ceux qui manquent de pressoir, et dont j'ai fourni le modèle et sa description, pour servir à la fois, lorsqu'on pense à faire exécuter cette machine en grand ; mais avec ce petit modèle, on commence à éprouver la terre de son domaine. Que pourois-je faire de mieux ? je le demande ?

les pièces IV, V et même VI, sont pour ainsi dire mariées avec le bonheur : elles participent des vents doux, frais et si agréables de l'est : on y est toujours en bonne santé, joyeux, content, et j'ai lieu de croire que cette méthode de disposer les appartemens, sera favorablement accueillie.

Si j'ai flanqué de tours les angles de cette maison, c'est parce qu'elles ont toujours été agréables aux yeux de tout le monde. Mais le principal objet de ceux qui de cette manière bâtissoient les châteaux, étoit pour y loger les escaliers, tandis que le mien consiste d'abord à rompre ces grands coups de vent si dangereux, surtout en rase-campagne.

Que l'on veuille bien réfléchir que des tours attenantes et incorporées dans le corps d'un bâtiment, sont inébranlables, et que leur saillie quoique moyenne, écarte les ouragans et les font couler loin des facades pour s'enfuir et se perdre au loin. Ajouterai-je que ces rondes constructions que l'on devroit bien admettre aux angles des bâtimens ruraux, dégagent l'intérieur des logemens de ces pièces toujours incommodes, et qu'elles fournissent au contraire comme on le voit au rez-de-chaussée XI et XII, des offices, gardes-manger, lavoirs; au premier, des cabinets agréables, utiles; et dans les tourelles XIII et XIV, des cabinets de propreté ou d'aisances, dont l'odeur au moins ne se répand plus dans les appartemens; au dernier étage, un observatoire, un lieu de recueillement, où l'on parvient, non comme je l'ai dit par des escaliers qui occuperoient tout l'emplacement de ces tours et tourelles, mais par le grand qui conduit à un pavillon carré qui s'élève au dessus du faîte; duquel pavillon, on traverse sur le toit de l'édifice par une galerie à droite et à gauche, pour venir se recréer ou étudier dans l'observatoire dont j'ai parlé. Sans doute au-dessus du pavillon carré, une girouette sera placée, comme objet essentiel au domaine dont-il s'agit.

Fin de la sixième Conférence.

SYSTÊME figuré de la nouvelle science des Bâtimens et Cultures.

MURS, COLONNES, CLOISONS, VOUTES, PILASTRES, PILIERS.	Nouvel appareil, Pesanteur des pierres factices, Formation des matrices.	Application des machines.	Maisons, Temples, Eglises, Chapelles, Granges, Étables, Fortifications, Manèges, etc.
CONFECTION DES CORPS, CUBES, PARALLELIPIPEDES, CYLINDRES, BIAIS.	Préparation des terres, leur compression, Pose expéditive.	Constructions à préférer, choix d'une Machine, Heureux résultats.	Mélanges des terres, Additions d'ingrédiens, Liquides choisis.
DIVERS AGENS.	Mortier de chaux et sable, Mortier de terre sans chaux, Plâtre, Beton, Ciment.	Choix à faire selon le pays, et l'Edifice qu'on se propose.	Canaux, Rivières, Bains, Jets d'eau, Citernes, etc.
NOUVELLE CHARPENTE.	Débit des bois en planches, Linteaux essentiels, nouvelles Liaisons.	Art de marier les moilons de terre au bois; Ressources pour la solidité; Grande économie.	Nécessité d'apprendre de l'Auteur ces secrets du nouvel art.
MENUISERIE PARTICUL^re.	Encadremens, Huisseries, Chambranles, Contrevents, Portes et Portails.	Leurs constructions différentes; moyens de les suspendre, de les arrêter.	*Idem.*
SERRURERIE *Idem.*	Gonds exprès forgés, ainsi que Gaches, Verroux, Targettes, Pattes et autres Ferrures.	Pose des ferrures au moment de la construction des murs, des Cloisons, Portes, Fenêtres, etc.	*Idem.*
DISTRIBUTION *Idem.*	Plans analogues au nouveau genre, Coupes *idem*, Dessins de Cheminées économiques.	Mesures fixes : Suppression en majeure partie des meubles; Commodités nouvelles.	Art de l'incombustibilité : Réparations aux vieux bâtimens.
DÉCORATION *Idem.*	Crépis, Rustics, Enduits, Teintes, Camayeux, Peintures à fresque, Perspectives dans les jardins.	Embellissemens peu coûteux, plus chers étant composés, Nouveaux sujets en relief.	Ornemens désirés.
CULTURES PROPICES.	Clôtures diverses : Jardins naturels et productifs : Abris faciles et avantageux.	Nouvelle composition des enclos; Espaliers mis en leur véritable place; Fleurs et Fruits printaniers.	AGRITECTURE, *Nouvelle Science.*

[illegible]

No. 1. Fevrier 1792.

PLAN D'UNE MAISON DE PISÉ, AVEC SA FAÇADE DU COTÉ DE L'AVENUE, PEINTE A FRESQUE.

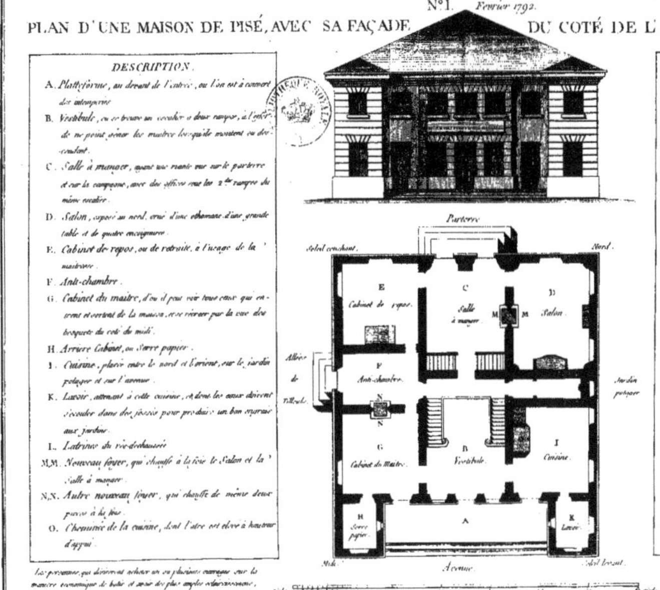

DESCRIPTION.

A. *Platteforme, au devant de l'entrée, où l'on est à couvert des intempéries.*

B. *Vestibule, où se trouve un escalier à deux rampes, à l'effet de ne point gêner les maîtres lorsqu'ils montent ou descendent.*

C. *Salle à manger, ayant une riante vue sur le parterre et sur la campagne, avec des offices sous les 2.des rampes du même escalier.*

D. *Salon, exposé au nord, orné d'une othomane, d'une grande table et de quatre encoignures.*

E. *Cabinet de repos, ou de retraite, à l'usage de la maîtresse.*

F. *Anti-chambre.*

G. *Cabinet du maître, d'où il peut voir tous ceux qui entrent et sortent de la maison, et se récréer par la vue des bosquets du côté du midi.*

H. *Arrière Cabinet, ou Serre papier.*

I. *Cuisine, placée entre le nord et l'orient, sur le jardin potager et sur l'avenue.*

K. *Lavoir, attenant à cette cuisine, et dont les eaux doivent s'écouler dans des fosses pour produire un bon engrais aux jardins.*

L. *Latrines du rez-de-chaussée.*

M.M. *Nouveau foyer, qui chauffe à la fois le Salon et la Salle à manger.*

N.N. *Autre nouveau foyer, qui chauffe de même deux pièces à la fois.*

O. *Cheminée de la cuisine, dont l'âtre est élevé à hauteur d'appui.*

DEVIS.

Ce Batiment de Pisé a 52 pieds de longueur, 50 de profondeur et 31 de hauteur, depuis le socle à la cime du toit; attendu que ce socle ainsi que la fondation au dessous doivent être faits en maçonnerie: Voyez le 1.er et le 2.me Cahier qui se vendent au Bureau de l'Ecole d'Architecture Rurale.

Tous les murs de Pisé contiennent donc 291 toises 8 pieds de Roi: on peut les évaluer à 4.tt la toise, comme le plus haut prix de ce que chaque toise de pisé peut coûter dans tous les pays: ainsi l'on voit qu'un batiment aussi vaste ne revient cependant, en ce qui concerne ses murs de pisé, qu'à la somme de 1166.tt

Les maisons de pisé, étant susceptibles de recevoir les plus belles décorations, obligent chaque propriétaire à les fixer d'avance, s'il veut connoître la totalité des frais: c'est d'après cet arrêté, et suivant la nature et les prix des matériaux du pays que l'on habite, que chacun pourra calculer la juste valeur de son entreprise; mais l'auteur peut assurer qu'en se bornant à l'utilité, ces maisons ne sont nullement dispendieuses.

REMARQUE.

Qu'on veuille bien examiner avec attention le plan ci-joint, et on reconnoîtra; 1.° Que l'on n'a besoin d'allumer chaque jour que deux seuls feux (Voyez le chauffage economique du même auteur.) 2.° Que le nombre des portes et des fenêtres est ménagé sans nuire à la commodité, à la symétrie et à la beauté des appartemens: 3.° Que ce batiment contient, au premier étage, un grand nombre de chambres et des greniers au dessus, pour tous les besoins et tous les agrémens de la vie.

Telle est la composition fort simple et si avantageuse des nouveaux logemens: En se délivrant des préjugés, des habitudes et des usages, chacun parviendra suivant sa fortune à se procurer une propriété durable et analogue à ses goûts et à ses plaisirs.

Les personnes qui désireront acheter un ou plusieurs ouvrages sur la manière économique de batir et avoir des plus amples éclaircissemens, sont priées d'adresser leurs lettres franc de port, à l'adresse de l'autre côté.

A M.r Cointeraux, *professeur d'Architecture rurale, en son bureau, près de la Place Louis XV, rue du Fauxbourg S.t Honoré, N.o 25 à Paris.*

www.ingramcontent.com/pod-product-compliance
Ingram Content Group UK Ltd.
Pitfield, Milton Keynes, MK11 3LW, UK
UKHW021057260726
13994UKWH00002B/548

9 782329 419824